NOTICE

SUR

HENRI PLANCHAT

PRÊTRE DE LA CONGRÉGATION DES FF. DE S. VINCENT DE PAUL

PARIS. — IMPRIMERIE VICTOR GOUPY, RUE GARANCIÈRE, 5.

NOTICE

SUR

HENRI PLANCHAT

PRÊTRE DE LA CONGRÉGATION DES FRÈRES
DE SAINT-VINCENT DE PAUL, AUMONIER DU PATRONAGE DES APPRENTIS
ET DES JEUNES OUVRIERS DE SAINTE-ANNE, A CHARONNE ;
L'UN DES OTAGES DE LA COMMUNE, ASSASSINÉ A BELLEVILLE LE 26 MAI 1871
EN HAINE DE LA RELIGION

PAR

Maurice MAIGNEN

DES FF. DE S.-V. DE P.

« ... Vivent mortui tui, interfecti
mei resurgent.... »

« ... Vos morts vivront ; mes cheres
victimes ressusciteront.... »

(ISAIE, 26, 10.)

___

QUATRIÈME ÉDITION

AUGMENTÉE DE DOCUMENTS NOUVEAUX

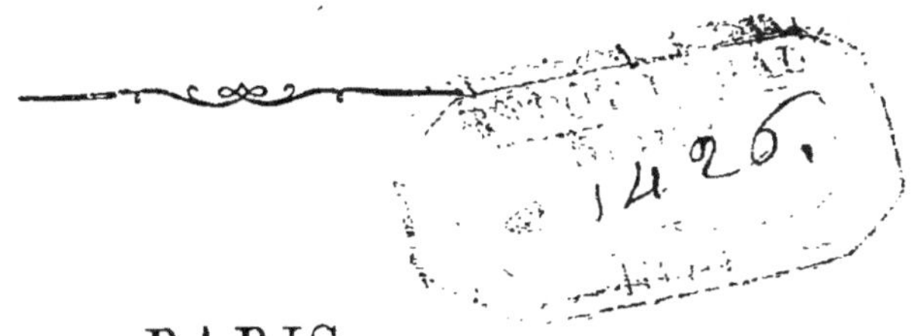

PARIS

RUE FURSTENBERG, 6.

—

1873

PRÉAMBULE

L'Église de Paris vient de rendre encore témoignage pour la foi. Principal foyer de la révolution dans le monde, apôtre de la tolérance et de la libre pensée, défenseur acharné de la liberté de conscience et de la liberté des cultes, Paris, depuis près de cent ans, rivalise avec le Japon et la Corée pour enrichir l'Église d'innombrables martyrs, dont l'héroïsme ne le cède en rien à ceux des premiers siècles. Depuis 1789, deux de ses archevêques ont souffert l'exil et la persécution ; trois autres ont rougi de leur sang le siége de saint Denis. La dernière victime n'est pas montée seule à l'autel du sacrifice ; vingt-deux prêtres ont été immolés avec elle, en haine de la religion. A peine Mgr Darboy avait-il achevé de recueillir dans la crypte des Carmes les ossements sacrés des évêques et des prêtres massacrés en septembre 1792, que lui-même tombait victime, non de la colère aveugle d'une populace en délire, mais de la rage froide d'athées conséquents, appliquant à la rigueur et logiquement les principes de la Révolution sociale. Dans cette sanglante immolation, les ministères divers de l'Église de Paris ont été représentés : l'administration épiscopale, le clergé séculier, les ordres religieux, l'enseignement, les missions, le ministère paroissial, celui de la chaire et de la direction des âmes. L'hécatombe eût été incomplète si les œuvres de charité, si multipliées à Paris, n'y eussent eu leur représentant. L'abbé Planchat, aumônier du Patronage des apprentis et des jeunes ouvriers de Sainte-Anne, fondé par la Société de Saint-Vincent de Paul pour le faubourg Saint-Antoine, Charonne, Ménilmontant, Belleville, etc., eut cet honneur. Pauvre religieux d'une petite congrégation naissante et inconnue, il n'avait aucune qualité pour être choisi comme otage. *Son délit* fut d'être prêtre et dévoué aux ouvriers, aux pauvres, aux enfants du peuple. Il a été mis à mort uniquement à cause de son ministère, et sur le lieu même où il l'avait exercé depuis près de dix années. Il a été conduit au supplice, au milieu d'une population témoin d'un dévoûment dont il y eut peu d'exemples à Paris, depuis le pauvre prêtre et saint Vincent de Paul. Il eut cette douleur particulière, qui fut épargnée aux compagnons de son martyre, d'être mis à mort par ceux-là même qu'il avait le plus aimés et auxquels il avait consacré sa vie; et, comme Notre-Seigneur, il eut pu dire à ses bourreaux : «J'ai fait devant vous plusieurs bonnes œuvres; pour laquelle est-ce que vous me lapidez ? »

Certes, nous ne prétendons préjuger aucunement une décision qui appartient à l'Église; mais si les prêtres qui viennent d'être immolés sont martyrs, le pauvre abbé Planchat, la dernière des victimes selon l'ordre hiérarchique, fut l'une des premières admises dans la gloire, par Celui qui est venu sur la terre pour évangéliser les pauvres, et qui a promis le ciel pour un verre d'eau donné en son nom.

I

ENFANCE ET JEUNESSE

Marie-Mathieu-Henri Planchat naquit à Bourbon-Vendée, le 2 novembre 1823. Son grand-père, simple artisan, sauva pendant la première révolution quatorze prêtres; son fils aîné se destina à l'état ecclésiastique et fit ses études, aidé par la générosité d'une pieuse tante. Plus tard, ne se sentant pas la vocation nécessaire, il entra dans la magistrature. Un des prêtres sauvés par son père, M. l'abbé Rocher, aumônier du roi, devint son zélé protecteur et le recommanda au duc Mathieu de Montmorency, mort en odeur de sainteté le vendredi saint, au chevet des malades de l'Hôtel-Dieu. D'abord juge de paix à Compiègne, où il se maria, M. Planchat fut nommé juge au tribunal civil de Bourbon-Vendée, et occupa le même poste successivement à Chartres et à Lille. Il fut père de quatre enfants, dont deux filles, toutes deux religieuses, l'une fille de la Charité, actuellement à Constantinople, l'autre, religieuse de Notre-Dame, à Moulins; et deux garçons, dont l'aîné était l'abbé Planchat. Ce fut en mémoire de son saint protecteur que M. Planchat donna au saint baptême, à son premier enfant, le nom de Mathieu. L'abbé Planchat, arrêté le jeudi saint, au milieu des pauvres, est mort un vendredi, ainsi que son vénéré parrain. En 1847, M. Planchat fut nommé président du tribunal civil d'Oran, et destitué peu après, pour avoir inauguré, de son chef, à son arrivée, un grand crucifix dans la salle de justice. Il mourut conseiller à la cour d'Alger.

L'admirable vie que nous allons raconter fut préparée par une enfance digne des plus grands saints et enrichie des grâces les plus précieuses. Les dons particuliers qu'il reçut de Dieu nous ont été revélés par sa pieuse sœur, fille de la Charité à Constantinople, compagne et confidente des premières années du serviteur de Dieu, jusqu'à son entrée au collége, à l'âge de 14 ans. — Nous livrons dans leur intégrité ces pages intimes et touchantes, aux méditations du pieux lecteur, heureux d'apprendre les secrets de ces âmes de choix que Dieu prépare et se réserve pour sa gloire et la consolation de l'Église.

« Le jeune Henri fut, dès sa plus tendre enfance, un enfant de bénédiction ; si sa raison précoce étonnait par les réflexions bien au-dessus de son âge, sa piété ne fut pas moins remarquable. Ainsi on le trouva un jour, en attendant une cérémonie, occupé à faire le Chemin de la Croix comme il l'avait vu pratiquer à sa grand'mère ; et comme on lui disait de venir à côté de ses parents, il répondait : « — Oui, aussitôt que j'aurai fini, laissez-moi terminer. » Il n'avait pas encore trois ans.

« Aller à l'église était sa plus grande récompense ; on obtenait tout de lui en lui promettant de l'y conduire, ou en le menaçant de l'en priver. Selon que sa pieuse mère le lui avait dit, il l'appelait la *Maison du bon Dieu*, et comme s'il eût déjà compris toute la portée de ces mots, il savait y contenir son extrême pétulance, et s'y tenait avec un extérieur qui ravissait tous ceux qui le voyaient. Là, il n'avait d'yeux que pour fixer l'autel ou suivre les cérémonies qu'il s'efforçait ensuite de reproduire à la maison, non avec cette légèreté qui caractérise ordinairement les enfants, mais avec une gravité et un respect au-dessus de son âge.

« — Que je voudrais donc voir le bon Dieu, disait-il quelquefois à sa sœur : on dit que les enfants sages le verront; j'ai été bien sage, je pensais le voir, mais je ne l'ai pas vu. Et toi! Nini (c'est ainsi qu'il appelait sa sœur), l'as-tu vu ? Et la réponse négative de sa sœur ne le satisfaisait pas.

« On prend plaisir à parler de ce que l'on aime; aussi apprendre le catéchisme et en entendre l'explication de la bouche de sa vertueuse mère qui ne cédait ce soin à personne, était dès son bas âge une récompense, une jouissance. *Maman, disait-il avec vivacité, j'ai été bien sage, dites-moi un peu de l'histoire du bon Dieu,»* puis prenant sa petite chaise il se mettait aux pieds de sa bonne mère. Souvent il l'interrompait avec sa vivacité ordinaire, pour lui faire des questions ou des remarques qui montraient un esprit réfléchi. Ainsi, sa mère lui expliquant le mystère de l'incarnation du Verbe, lui racontait comment Dieu avait choisi la Vierge Marie pour être sa mère. Henri l'interrompant vivement : « Qu'est-ce que vous dites, maman; mais le bon Dieu n'a pas de maman. — Si, mon petit ami, Jésus-Christ comme homme a une maman. — Mais, maman, ce n'est pas possible ; vous m'avez dit l'autre jour, qu'il peut faire tout ce qu'il veut. — Certainement, Henri, et je le dis encore. — *Eh bien non, maman, je ne puis le croire... Avoir une maman et faire tout ce qu'on veut!... non bien sûr, s'il faisait tout ce qu'il voulait, c'est qu'il n'avait pas de maman ».*

« Avec un esprit excellent, l'amour de l'étude et des exercices de piété, on comprendra facilement que le jeune Henri qui soupirait, tout petit enfant, du désir de voir le bon Dieu, désirait avec ardeur l'heureux jour où il pourrait, non le voir, mais bien mieux, le recevoir dans son cœur. Plus d'une fois regardant avec une sainte envie les personnes qui s'approchaient de la Table eucharistique, il lui était échappé de dire : «Quand donc me sera-t-il donné à moi de recevoir cette *salutaire Hostie.*» Inutile de dire que l'année de sa première communion fut pour Henri une époque de redoublement de ferveur.

« Comprenant l'importance de cette action qui a tant d'influence sur la vie entière, son père lui accorda d'aller faire la retraite préparatoire chez les Frères des écoles chrétiennes. Là le jeune Henri se fit remarquer par sa modestie, sa ferveur, son exactitude scrupuleuse à observer tous les points du règlement, particulièrement celui du silence qui est pourtant le plus facilement enfreint par les enfants de cet âge. Son extérieur grave et modeste, sans nulle gêne ni affectation, sa tendre charité pour ses camarades firent sur eux une impression si puissante et si heureuse, que les chers frères avouèrent qu'Henri avait fait plus par son exemple qu'eux par leurs paroles, et qu'ils n'avaient jamais eu tant de facilité à contenir la légèreté des enfants. Aussi le frère directeur venant faire une visite de remercîment à M. Planchat, le félicita d'avoir un tel fils, ajoutant qu'il avait été un ange de bénédictions et qu'il le réclamait de temps en temps pour l'édification de ses jeunes élèves. C'était à Lille, paroisse de la Madeleine. La dévotion du jeune Henri pour l'auguste Sacrement de nos Autels augmentait chaque jour, et, comme il était trop jeune pour pouvoir communier aussi fréquemment qu'il l'eût désiré, il s'en dédommageait par ses visites au Saint Sacrement. Dès lors il se fit une loi d'assister chaque jour à la sainte messe et n'y manqua

jamais qu'en cas de maladie. Mais avec quelle dévotion !
Il en donnait aux plus froids ; son attitude révélait les
sentiments de son cœur. Sa foi vive lui découvrait l'Auguste Victime s'immolant sur nos autels et en retour il
lui offrait tout son être, et sans doute cette offrande qui
n'était que le prélude d'une immolation plus parfaite
que Dieu lui devait ensuite demander, ne servait pas peu
à lui obtenir les grâces que Dieu lui a si abondamment
accordées.

« Mais c'était surtout aux messes et aux saluts du
Saint-Sacrement que sa dévotion devenait admirable.
Immobile, sans appui, les yeux tantôt fermés, tantôt fixés
sur le tabernacle, il était tellement absorbé dans son
Dieu qu'il devenait insensible à tout ce qui l'entourait.
— N'est-il pas vrai, disait-il quelquefois à sa sœur, qu'il
fait bon d'être auprès du bon Dieu !... Oh ! si les hommes
l'expérimentaient, les églises seraient trop petites et ne
désempliraient pas.

« Servir la messe était un bonheur qu'il ne manquait
jamais une occasion de se procurer. Il le faisait avec un
tel respect, une telle dévotion qu'étant en vacances, à
Lille, le premier vicaire de la paroisse qui ne le connaissait pas, appela sa sœur qu'il avait vu sortir un jour
avec lui de l'église ; il lui demanda si elle connaissait
ce pieux jeune homme, et où il avait ainsi appris à servir la messe. Henri avait alors 15 à 16 ans et communiait trois fois la semaine.

« Sa dévotion envers le Saint Sacrement était constante et se manifestait de mille manières. Allait-il à la
promenade avec ses parents, toujours il trouvait moyen
de les diriger vers quelque église de village, et il était
ingénieux à obtenir l'agrément de ses parents pour y
visiter le Divin Solitaire et *se reposer* un peu auprès de
lui. Sitôt que le désiré clocher était aperçu, il hâtait le
pas et courait même quelquefois avec sa sœur pour s'as-

surer que la porte fût ouverte ; et si, comme il arrive souvent dans les villages, il la trouvait fermée ; après avoir adoré le Divin Sauveur qu'il voyait par la vivacité de sa foi, à travers les murs, il s'informait où demeurait le dépositaire de la clef qui ne lui était jamais refusée... En entrant on voyait sur son visage triomphant qu'il était heureux, et il disait sans doute : « *J'ai trouvé celui que mon cœur aime.* » Aussi aimait-il à y chanter... *Quam dilecta tabernacula tua Deus...* Il aimait encore d'une manière toute particulière l'*Ave Verum* et surtout ces dernières paroles *Esto nobis prægustatum mortis in examine...* Peut-être doit-il à la faveur avec laquelle il disait ces paroles d'avoir pu communier peu de temps avant son exécution.

« Qui aime Dieu, aime Marie. Rien de plus tendre et aussi de plus solide que sa dévotion envers cette bonne Mère, qu'il appelait *sa bonne Mère*. Il n'en parlait qu'avec un accent qui dévoilait ses sentiments ; tout petit enfant il faisait des révérences et envoyait des baisers à chaque statue de la sainte Vierge qu'il rencontrait dans les rues (il n'était guère alors une rue de Lille qui n'eût plusieurs niches contenant une image de la sainte Vierge). Dans la campagne il ramassait des fleurs et les portait aux petites chapelles qu'on rencontre dans les toutes ; puis s'agenouillant il récitait avec sa sœur ou les *Litanies* ou le *Salve Regina* ou quelque autre prière, selon le temps qu'il avait gagné en courant en avant. Il aimait à réciter le chapelet avec sa sœur et le lui avait appris à demi-voix, jusque dans les rues de Paris lorsqu'il sortait avec elle. Il lui avait aussi fait cadeau d'un *petit office de la sainte Vierge*, et l'ayant récité tous les jours avec elle pendant ses vacances, il lui fit promettre de continuer à le réciter chaque jour de l'année, avec le petit office de l'Immaculé Conception, ce qu'elle a pratiqué jusqu'à son entrée au séminaire. Dans les commencements, il lui faisait remarquer quelques passages des psaumes qui le touchaient davantage, afin de lui apprendre à les bien savourer. Sa dévotion était solide. Il avait compris que l'Imitation des vertus de la sainte Vierge est la chose la plus essentielle et sans laquelle toutes les autres pratiques extérieures lui seraient peu agréables...

« Comment pourrait-on passer sous silence sa dévotion à saint Joseph?... Après Jésus et Marie, Joseph avait toute sa confiance, ou pour mieux dire jamais il ne séparait ces trois objets de son amour, unis entre eux par Dieu même. Il avait pris saint Joseph pour son patron, pour son guide dans la vie intérieure, et on ne pouvait passer avec lui une heure sans qu'il parlât de son cher directeur et sans qu'il cherchât à inspirer en lui la confiance dont il était rempli. Ce fut une image de saint Joseph qu'il donna à sa sœur lorsqu'il vint la voir, avant qu'elle s'embarquât pour la Turquie... Dix ans plus tard, il lui envoya une petite feuille intitulée : *Association du culte perpétuel de saint Joseph*, avec la gravure de saint Joseph sur le revers. Dans toutes ses lettres, on trouvait un mot de saint Joseph ; aussi le grand patron de la bonne mort l'a-t-il favorisé, lui ménageant la plus glorieuse.

« Avec un tel protecteur, il n'est pas étonnant que l'esprit intérieur fût un des caractères principaux du jeune Henri.

« Il voyait Dieu en tout et partout... ; tout lui servait pour s'élever à lui... Traversait-il les rues de la capitale il disait à sa sœur : « Si l'on demandait à tous ces gens qui vont et viennent à quoi ils pensent, combien y en aurait-il qui pourraient répondre qu'ils pensent à leur âme ? presque tous vivent comme s'ils n'en avaient pas. » Se promenait-il dans la campagne, il admirait la grandeur de Dieu dans les beautés de la nature ; il faisait à sa sœur de touchantes comparaisons qui élevaient son cœur à bénir, à remercier ce Dieu tout à la fois si grand et si bon. Le soir, il aimait à considérer les astres et la magnificence des cieux. Si l'extérieur est si ravissant, que ne doit pas être l'intérieur !... Oh ! beau ciel, quand te verrons-nous ! quand posséderons-nous ce Dieu si bon, sans crainte de le perdre !

« Loin de tirer vanité des marques d'affection qu'on lui donnait, il cherchait à les faire partager aux autres ; ainsi Mgr de Clozel, évêque de Chartres, charmé des rares qualités de l'esprit et du cœur qu'il découvrait dans ce jeune enfant, aimait, dans les fréquentes visites dont il honorait M. Planchat, à causer avec Henri, dont les réponses pleines de justesse et de naïveté le ravissaient ; jamais alors le jeune enfant n'oubliait sa petite sœur, il courait la chercher et disait à Monseigneur : « Caressez aussi ma petite sœur, je l'aime beaucoup ; bénissez-la aussi comme moi. »

« Jamais Henri ne parlait des places ni des prix qu'il avait obtenus à moins d'y être forcé, et encore le faisait-il de la manière la plus simple et la plus propre à diminuer son mérite. Ainsi, la dernière année de ses études, étant interrogé par quelqu'un, combien il avait remporté de prix : « Sept, répondit-il simplement. — Mais ajoutez donc, reprit vivement un de ses camarades qui était présent, sept *premiers* prix et celui d'excellence... — Oh ! reprit alors Henri, il y a eu si peu de différence entre moi et celui qui a les seconds, qu'il a autant de mérite, il est aussi fort que moi, mais il a eu quelques distractions, voilà pourquoi j'ai été premier. »

« C'est surtout dans la charité que Henri excella dès sa plus tendre enfance, et c'est bien de lui qu'on peut dire : que sa charité était universelle et ingénieuse. Tout jeune enfant, il ne pouvait voir un pauvre sans lui donner... Pour cet effet, il ne se contentait pas de demander quelques sous à ses parents qui, tout en le secondant dans ses bonnes dispositions, lui faisaient observer que ce n'était pas *lui* qui donnerait alors, mais *eux*, il savait s'imposer des sacrifices.... Ses gâteaux, ses bonbons étaient donnés avec joie... Quand il le pouvait, sans être vu, il mettait une partie de son dessert dans sa petite poche pour le porter ensuite aux pauvres. Un tiroir recevait sa cachette en attendant l'occasion d'en disposer. Un jour sa sœur, furetant partout, découvrit la cachette et se régala un peu. Henri, entrant en ce moment, parut tout triste, d'un côté, de se voir découvert, de l'autre, de la perte d'une partie de son trésor; mais se ravisant il dit à sa sœur : « Écoute, Nini, je vais te dire un secret : c'est moi qui avais caché là mes desserts pour les donner aux pauvres qui n'en ont pas ; je suis sûr que tu les aimes aussi et que tu feras comme moi, car, vois-tu, nous avons tout ce qu'il nous faut, mais les pauvres !... Et puis tu sais qu'on nous a dit que ce qu'on donne aux pauvres, c'est au bon Dieu qu'on le donne. » Il fut bientôt consolé par la promesse de sa sœur. Et ceci il le pratiqua au collége comme à la maison paternelle... toujours les pauvres avaient leur part, et tout l'argent destiné à ses menus plaisirs leur appartenait : il se refusait les jouissances les plus innocentes pour les secourir davantage.

« J'ai dit que sa charité était ingénieuse ; aussi ne se bornait-elle pas à cette espèce d'aumône. Il aimait à rendre service aux pauvres, à les aider selon ses forces et même quelquefois au-dessus. Ainsi, un mulet ayant jeté à terre sa charge de fruits, non-seulement le jeune Henri s'empressa de les ramasser avec le pauvre homme qu'il voyait tout affligé, mais il pria sa sœur et même son père de lui aider, ce que ce respectable monsieur faisait avec joie, encourageant ainsi la charité de son fils par ses exemples. Grâce à son secours, le brave homme put remettre sa charge sur le mulet sans grande perte...

« Voyait-il les pauvres gens des champs harassés à ramasser des pommes de terre ou des haricots : « Reposez-vous un peu, leur disait-il, je vais ramasser avec ma sœur. »

« Il se joignait aux pauvres qui glanaient afin de leur abréger la peine, et disait quelquefois aux gens de la ferme : « *Laissez donc un peu plus d'épis pour ces pauvres gens.* »

« Mais il ne se contentait pas de la charité pour les choses extérieures ; il aimait encore à apprendre les prières, le catéchisme, surtout les principaux mystères et le signe de la croix aux pauvres petits enfants qu'il rencontrait dans la campagne ; il préludait ainsi à l'apostolat qu'il devait plus tard remplir.

« On ne saurait terminer sans dire un mot de son grand amour pour la vérité... Jamais, comme sa bonne et respectable mère aimait à le répéter, jamais le plus petit mensonge ne vint souiller ses lèvres... Avait-il commis quelque dégât, vite il courait le dire lui-même, craignant qu'un autre en fût accusé.

« Si on l'interrogeait, il répondait toujours ingénuement et sans détour, même lorsqu'il voyait qu'il risquait d'être puni. Il reprenait doucement sa sœur qui, moins scrupuleuse que lui, n'agissait pas toujours de même. « Oh ! Nini, disait-il, pourquoi ne pas dire tout bonnement que c'est toi qui as fait cela... il vaut mieux être puni que de mentir, car c'est un péché, le mensonge. » Plusieurs fois il se laissa punir quoiqu'il ne fut pas coupable, craignant, s'il disait que ce n'était pas lui qui avait commis la faute, que la coupable ne fît un mensonge pour s'excuser. »

Ce fut à l'âge de quatorze ans qu'il se sépara pour la première fois de ses parents, pour être placé au collége

Stanislas, sous l'excellente direction de M. l'abbé Buquet, depuis évêque de Parium, resté son protecteur et son ami. Le jeune Planchat ne demeura à Stanislas que trois années; mais chez ses professeurs et ses condisciples son souvenir dure encore. Son intelligence très-vive, son travail opiniâtre, sa mémoire heureuse lui obtinrent des succès au collége et au grand concours ; son obéissance, sa piété, sa bonté de cœur lui avaient gagné l'estime de tous ; un peu d'étrangeté dans les manières, un peu d'irritabilité dans le caractère, toujours rachetés par des excuses spontanées, ne trouvèrent pas grâce auprès de ses condisciples, et il fut trop souvent le jouet de leurs malices. Au grand regret de ses maîtres, il dut quitter le collége et entra à l'institution de M. l'abbé Poiloup, à Vaugirard, actuellement collége des Jésuites, pendant longtemps depuis dirigé par le P. Olivaint. Il y termina ses classes et y fit ses études de droit.

Dans cette maison il trouva de la part de ses maîtres les mêmes sympathies qu'à Stanislas, et parmi les élèves, moins de difficultés. Sa piété, toujours tendre depuis son enfance jusqu'à son âge mûr, dans la calme existence du collége ou du séminaire, comme au milieu des indicibles labeurs de son apostolat, ne s'arrêta jamais aux douceurs et aux sentiments, pour s'éteindre ensuite, comme il arrive trop souvent, dans la tiédeur. Il comprit toujours que l'essence de la vraie dévotion et de tout le christianisme, c'est le combat. Il lutta sans cesse, non pas tant contre les tentations de la jeunesse, dont son âme préservée eut peu à souffrir ; mais contre des défauts plutôt physiques que moraux, misères involontaires d'un tempérament malade et fatigué. Ce fut sa croix. Le bon maître n'a pas voulu en refuser le bienfait à aucun de ses serviteurs, même aux plus parfaits.

C'est au collége de Vaugirard que M. Planchat commença à faire partie de la Société de Saint-Vincent

de Paul. Tout le temps libre entre les cours de droit et
la surveillance de l'étude dont il avait accepté la présidence, il le consacrait aux pauvres de Vaugirard. Il
s'était chargé de la Bibliothèque populaire fondée par la
Conférence. Il patronait les enfants des écoles. Il surveil-
lait les apprentis à la maison de Patronage de la rue du
Regard, où il passait sa journée du dimanche, qu'il terminait à Notre-Dame des Victoires par les exercices de
l'Archiconfrérie. C'est dans cette maison de la rue du
Regard, qu'il fit connaissance des membres de la petite
communauté naissante des Frères de Saint-Vincent de
Paul, à laquelle, une fois prêtre, il devait s'agréger.
A l'école d'un zélé vicaire de la paroisse Saint-Lambert
de Vaugirard, M. l'abbé Parguel, aujourd'hui curé de
Notre-Dame de la Gare, M. Planchat apprit le véritable esprit et la juste portée des œuvres auxquelles il
se dévouait. Il comprit dès lors que leur but principal
est de dissiper, dans les familles ouvrières, les préjugés
et l'ignorance qui les éloignent du prêtre et de la religion. On peut dire que de cette époque, a commencé
son apostolat.

II

VOCATION

Les trois dernières années que M. Planchat a passées au collége de Vaugirard furent consacrées tout entières à l'étude du droit et à sa préparation au séminaire. Il serait difficile de préciser le moment où la pensée du sacerdoce entra dans son âme. Nul doute que son père si chrétien et son héroïque mère, ne l'aient offert au Seigneur dès sa naissance. L'estime générale dont le nom de son père était entouré, eût facilité son entrée dans la magistrature ou le barreau ; mais à peine reçu avocat, il renonce à tout avenir humain et entre au séminaire. L'étude et les bonnes œuvres ne l'avaient pas distrait de son application aux vertus chrétiennes. On en possède l'édifiant témoignage dans les cahiers datés de ces mêmes années (1844-1847) où il écrivait ses résolutions après ses confessions de chaque semaine. Les limites de cette notice n'en permettent que de courts extraits. Ils respirent la plus ardente piété, une rare intelligence des secrets de la vie intérieure chez un si jeune homme, et le sentiment profond de sa vocation pour le service des pauvres.

Semaine du 31 août au 7 septembre 1844.

« *Pénitence :* une fois les litanies du saint nom de Jésus·

« *Résolution particulière.* — Me proposer, dans ma conduite avec les enfants, de faire ce qu'aurait fait Jésus-Christ.

« *Conseils.* — Je dois me proposer d'imiter la vie de Jésus-Christ. Ce divin sauveur ne s'est pas contenté de nous annoncer sa loi sainte : il a voulu vivre au milieu des hommes, parce qu'il savait bien que les exemples sont plus puissants sur notre esprit et sur notre cœur que les paroles. Les vertus qu'il a pratiquées, je dois me proposer de les acquérir et d'y faire chaque jour des progrès. Quelle humilité profonde dans Notre-Seigneur! quelle charité infinie, quelle douceur et quelle fermeté tout ensemble! C'est surtout l'union si parfaite en lui de ces deux vertus, que je dois m'efforcer de reproduire en moi. Il passe toute sa vie avec des ignorants, avec des pêcheurs. Quelle patience pour supporter leur grossièreté, leurs défauts : quelle douceur tout en les reprenant, tout en les corrigeant. Je continue, quoique pour une bien petite part, le ministère de Jésus-Christ. Je dois non-seulement travailler à ma propre sanctification, mais encore procurer par tous les moyens possibles celle des enfants que je surveille. Pour leur être utile, il faut que je n'agisse jamais par passion, jamais par un mouvement naturel; que je me demande toujours avant d'agir comment Jésus-Christ aurait agi en cette circonstance. Il faut, en un mot, que Jésus-Christ me domine entièrement. Il se présentera des occasions où je ne saurai trop ce que je devrai faire : qu'alors j'élève mon cœur vers Dieu, le Seigneur ne me manquera pas, surtout si je suis entièrement dépouillé de l'amour-propre Je dois prier beaucoup, recommander au bon Dieu de

tout mon cœur les petites fonctions dont je suis chargé.
J'obtiendrai plus de résultats par la prière que par toutes les combinaisons que je pourrais faire à l'avance.

« *Résolutions*. — 1° Me recueillir profondément au
commencement de mes visites au Saint-Sacrement et
des lectures spirituelles ; 2° faire toujours précéder la
présidence (ou surveillance) de la prière ; un ordre, de
la réflexion et d'une petite aspiration ; 3° garder les
règles de tempérance que je me suis prescrite. Un *memo-
rare* particulier avant de m'endormir. »

Parmi ces pensées où l'âme de Henri Planchat se
répand, et où l'on peut y lire comme à livre ouvert
ses plus intimes secrets, il y a des traits vraiment
extraordinaires qui révèlent l'élévation de ses sentiments sur l'état auquel il aspirait, et comme le pres-
sentiment d'une éclatante immolation.

Semaine du 8 au 15 mai 1846.

« ..... Je penserai pendant cette semaine à la nécessité d'acheter le bonheur du ciel par les épreuves de la
vie. Pour empêcher que ses disciples ne fussent trop
scandalisés des ignominies de sa passion, le Seigneur
leur montra sa gloire sur le Thabor, mais en descendant de cette sainte montagne, il leur recommanda de
ne point parler de ce qu'ils avaient vu, avant que le Fils
de l'Homme fût ressuscité d'entre les morts. A nous
aussi, Dieu pour nous encourager donne un avant-goût
des douceurs du ciel. Mais n'oublions pas que pour les
goûter il faut être ressuscité, par conséquent, être mort
et avoir vécu la vie de Jésus-Christ, qui nous prépare à
une mort bienheureuse ......

Semaine du 28 mars au 4 avril 1846.

..... Ah ! peut-on jeter un regard sur Jésus en croix, sans se sentir excité à payer tant de charité par quelque retour..... Oh ! si un jour Dieu nous honore du sacerdoce, que nous serons heureux d'avoir dès longtemps puisé dans ses sacrées plaies la haine de nous-même, *l'esprit d'immolation pour le salut des autres : « bonus pastor animam suam ponit pro ovibus suis. »* ...,.......

Semaine du 18 au 28 novembre 1846.

...... J'ai laissé languir dans le jardin de mon âme cet arbre de la charité que le Seigneur y avait planté ; et cependant il en attend du fruit, non-seulement pour moi-même, mais encore pour les autres : il veut qu'il ombrage mon âme, mais encore que les oiseaux du ciel se puissent reposer sur ses branches, s'abriter dans son feuillage. *Quels sont les desseins de Dieu sur moi ?* Quand commencerai-je sérieusement à y correspondre ? Courage donc ! courage et ferveur ! Le jardinier arrose tous les jours la plante qui doit ne lui procurer qu'une pièce de monnaie. Et nous, nous pouvons devenir une moisson digne d'être serrée dans les greniers du Père céleste !....

Semaine du 5 au 12 décembre 1846.

.... Imitons encore la générosité, le dévouement du divin enfant, car Notre-Seigneur commence déjà à nous donner les leçons des plus héroïques vertus. La crèche n'est pas loin du Calvaire. Il n'y a de différence que dans la proportion ; il n'y en a point dans la vertu, dans la volonté de souffrir. *Dieu demandera peut-être un jour de nous de grands sacrifices ;* commençons par lui faire celui de notre amour-propre, de nos caprices, de nos attaches......, etc.

En octobre 1847, M. Planchat entre au séminaire d'Issy. Sa vocation va grandir et s'épurer encore à cette grande école sacerdotale de Saint-Sulpice. La pensée du salut des âmes, de l'apostolat des petits et des pauvres, le désir de se sacrifier à leur service, demeurent au fond du cœur du lévite et s'accusent davantage, à mesure qu'il gravit les degrés qui le feront bientôt monter au saint autel. Soldat du Christ, il attend, dans la retraite et la prière, l'heure si ardemment désirée du combat. Il brûle de se jeter dans la mêlée pour arracher les âmes au démon. Et en même temps, rempli des joies sacrées de l'union divine, il se pénètre de plus en plus de l'esprit de Jésus-Christ, le Prêtre éternel, la divine Victime. Entrons dans les mystérieuses préparations de cette âme comblée de grâces, manifestement appelée de Dieu. Les pages qui vont suivre, empruntées aux notes des retraites de ses ordinations, initient aux merveilles du Sacré Cœur de Jésus et au chef-d'œuvre de sa grâce : la formation du cœur de ses prêtres !

ORDRES MINEURS. — 17 à 24 décembre 1848.

(Saint-Sulpice.)

« .....On voit des hommes se dévouer sincèrement, généreusement, jusqu'au sacrifice de leur fortune et même de leur vie, pour procurer ce qu'ils appellent le bien social, par la philanthropie ou par le triomphe d'opinions et de systèmes auxquels ils ont foi ; et le prêtre n'aurait pas un zèle égal pour procurer aux âmes un bonheur infiniment plus grand, un bonheur réel et certain !

« Au milieu de ces temps d'effervescence et de révolution, la pensée de l'ardeur que mettent ces hommes à poursuivre leurs projets, les uns, évidemment coupables, les autres, d'une utilité apparente, et réelle tout au plus dans l'imagination qui les a conçus et dans l'illusion qui les estime et les chérit, doit m'exciter au zèle des âmes !.....

———

« .....La dette du prêtre est immense : elle est grave et privilégiée, sans comparaison possible avec toute autre dette ; tous les saints prêtres, depuis saint Paul jusqu'à saint Liguori, l'ont compris, et tous en ont conclu que ni leur temps, ni leurs forces, ni leurs facultés ne leur appartenaient, qu'en dérober à Dieu et au prochain la moindre partie, ce serait un larcin sacrilége.

« Je prends la ferme résolution d'employer désormais, jusqu'au dernier soupir, chacun de mes instants pour la plus grande gloire de Dieu. Cela m'est facile au séminaire en observant ma règle ; mais au séminaire même et surtout dans le ministère quel qu'il soit, que la divine Providence me réserve, j'ai un grand obstacle à surmonter pour accomplir cette résolution, et un moyen unique pour surmonter cet obstacle. L'obstacle, c'est l'agitation, l'empressement naturel. Le moyen, le remède, c'est la paisible union à notre bon Sauveur et à sa sainte Mère. Quel puissant encouragement pour être fidèle en tout avec une joyeuse et calme promptitude ! Cette habitude, prise au séminaire, me conservera dans l'ordre et dans la paix, au milieu de la vie agitée du ministère..... »

SOUS-DIACONAT. — 2 juin 1849.

« .....Je fais une ferme résolution de ne reculer devant aucun sacrifice d'amour-propre personnel ou d'affection de famille, pour mettre à profit et rechercher même les occasions de constituer la vie vraiment commune entre prêtres, dans l'exercice du saint ministère, et pour me prêter, sincèrement et de tout cœur, aux vues de mes supérieurs qui s'efforceraient d'établir dans le clergé dont je ferais partie, cette charité fraternelle, cette unité d'action, si nécessaires aujourd'hui po ur résister aux ligues des méchants et pour procurer aux bonnes œuvres laïques le concours des prêtres, en ménageant les heures et les forces de chacun. »

« ... Si l'esprit de Foi nous quitte dans nos rapports avec les fidèles, nous nous éloignerons des pauvres et nous nous rapprocherons des riches, tandis que nous devrions faire tout le contraire; nous croirons avoir satisfait à notre devoir envers les premiers, lorsque nous les aurons reçus, et il faudrait les rechercher, les servir comme nous rechercherions, comme nous servirions Notre-Seigneur qui se cache en leur personne.

« Il y a bien longtemps déjà que la grâce me sollicite au service des pauvres, au respect des pauvres, par esprit de Foi. Je prends la ferme résolution de ne perdre jamais une seule occasion de suivre cette impulsion et de m'établir dans l'habitude, chaque fois que je parlerai à une personne humble ou pauvre, de considérer en elle Notre-Seigneur ou la Sainte Vierge. Je prends aussi la résolution qui nous a été suggérée, de lire souvent la vie des bons prêtres, surtout celle de saint Vincent de Paul pour laquelle j'ai toujours eu un attrait particulier... »

DIACONAT. — 23 décembre 1849.

« ..... Il faut encore qu'ils (les diacres) soient, comme saint Laurent, remplis d'une grande charité envers les pauvres et d'un grand zèle pour les secourir extérieurement dans leurs nécessités. Une des plus grandes obligations du diacre est de servir les membres de N.-S. dans leurs besoins et leurs nécessités, avec une foi magnifique, n'ayant rien qu'il ne sacrifie avec plaisir et dont il ne se prive pour son amour. Il faut dans cet esprit, qu'il se dérobe à lui-même tout ce qu'il peut pour l'employer au service de son divin maître, lui donnant, non-seulement ses biens extérieurs, mais encore sa propre substance, en sorte qu'il n'ait point de joie plus grande que de mourir pour sa gloire et de se donner lui-même en nourriture, s'il le pouvait. »

« ..... Je me suis peut-être imaginé que je possédais la charité, parce que j'étais enclin à l'agitation extérieure pour les bonnes œuvres. Ce n'est point là la charité véritable. La vraie charité est intime à l'âme; elle l'enveloppe, elle la pénètre. L'activité naturelle est le venin de la charité. J'ai donc un extrême besoin que Dieu mette et fasse croître en moi la charité véritable. Que son feu vive au fond de mon âme, et les opérations extérieures seront uniformes, constantes, aisées, douces et puissantes; elles seront parfaites en un mot. Parfaites pour l'instrument qu'emploie le Dieu de charité : la dissipation n'en résultera point; parfaites pour le prochain : elles produiront sur lui tout l'effet que se propose, la miséricorde divine. L'activité naturelle, au contraire, renverse le dessein de Dieu. Je le sais par mon observation propre, et par celle des amis qui me chérissent assez pour me dire mes vérités. Et comme la pauvre nature est si misérable, que son venin s'est bientôt glissé dans les œuvres commencées sous l'influence de l'Esprit-Saint, je prends pour toute ma vie, la ferme résolution de bien veiller sur moi-même, dans le soin du prochain, afin d'arrêter l'activité naturelle sitôt que je la sentirai en jeu. Je me propose également d'être très-fidèle aux petites mortifications préventives de cette activité. »

PRÔTURES. — 22 décembre 1850.

« ... — Votre vocation me semble pure et sûre, me disait le bon curé de la Gare, dans ma dernière confession ; mais on peut ne pas correspondre à sa vocation. — C'est, en d'autres termes, ce que vient de me redire mon directeur, pour ma vocation à la petite communauté de Saint-Vincent de Paul. — Reste à savoir si au désir que j'éprouve de m'y voir réuni ne se mêle point quelque affection naturelle, soit aux personnes, soit aux emplois, tandis que j'y devrais rechercher uniquement les mépris, les souffrances et la pauvreté...

« Je prends la résolution de renoncer souvent et du fond du cœur, entre les mains de la Très-Sainte-Vierge, à cette affection naturelle ; d'envisager souvent les mépris, les souffrances, la pauvreté, comme les grâces que Dieu m'y prépare... »

Ces pages admirables dévoilent avec simplicité les trésors de grâce dont le Seigneur combla cette âme loyale. Tel il nous apparaît dans ses impressions et ses résolutions écrites, si heureux de consumer pour la gloire de son maître et le salut des âmes, tel il sera toute sa vie, jusqu'au dernier soupir. L'apôtre qui bientôt gravira sans faiblesse la *via crucis* du 26 mai, n'est pas autre chose que le séminariste fidèle aux vœux de son sacerdoce, couronnant par l'holocauste du sang une immolation de vingt années. Son apostolat fut donc son séminaire continué. Le vénérable M. Caduc, son directeur au séminaire Saint-Sulpice, en donne un témoignage qui résume et confirme entièrement les traits que nous avons cités.

« Il portait sur sa physionomie, écrit le saint directeur, un air de calme, de sérénité, de candeur, qui ne se démentait jamais et qui m'a toujours inspiré un sentiment de respect. Doué d'une intelligence dont la portée était au-dessus de l'ordinaire, je ne l'ai jamais vu se livrer à l'étude, ou à quelque lecture que ce soit, par un mouvement qui m'ait paru naturel. Dès le commencement de son séjour au séminaire, son inclination à se livrer aux œuvres de zèle était si prononcée, que quelques-uns de mes confrères lui en faisaient comme une sorte de reproche, parce qu'ils n'étaient point à portée, comme moi, de savoir à quel degré cette âme voyait toutes choses en Dieu et pour Dieu. Tout le monde sait que ce zèle a été, s'il était permis de parler ainsi, la passion dominante de toute sa vie. Afin de poursuivre ce but, il a foulé aux pieds, d'une manière qui m'a toujours paru héroïque, tous les avantages que sa position, s'il eût voulu, eût pu lui offrir : avantage de la naissance, avantage de la fortune, avantage des talents dont la Providence l'avait doué. Mais ce qui m'a le plus profondément touché, c'est sa constance héroïque à mes yeux à se faire mendiant, et à demeurer mendiant toute sa vie pour les pauvres les plus abandonnés, ayant toujours en vue incomparablement plus le salut de leurs âmes que le soulagement de leur détresse matérielle.

« ..... Un des sentiments les plus pénibles pour mon cœur, *humanum dico*, est de songer que, dans le nombre de ceux qui ont contribué à sa mort, il y en a vraisemblablement quelques-uns, et peut-être plusieurs, en faveur de qui il s'immolait lui-même par anticipation. C'est sans aucune comparaison celui dont la mort m'a été le plus sensible, celui que j'invoque avec le plus de confiance ; et j'ai déjà été dans le cas de conseiller à quelqu'un de faire usage lui-même de cette plénitude de confiance... Le peu que j'ai dit exprime bien mal les sentiments de vénération dont je me sens pénétré, dans le fond le plus intime de mon âme, pour ce saint prêtre qui m'a été si cher..... »

La préparation de l'abbé Planchat au sacerdoce fut donc des plus saintes et le digne prélude de sa vie apostolique. Le 22 décembre 1850, il recevait l'ordination sacerdotale. Le lendemain, il disait sa première messe ; et, le surlendemain, au comble de ses vœux, il entrait dans la petite communauté des frères de Saint-Vincent-de-Paul, pour y vivre et y mourir au service des pauvres et des ouvriers. Les bonnes œuvres qu'il avait pratiquées autrefois, comme membre de la Société de Saint-Vincent de Paul, en lui faisant voir de près les misères et l'abandon des classes ouvrières, jetèrent en lui les premiers germes de sa vocation spéciale. Le séminaire les développa. C'est là surtout que sa piété s'éleva jusqu'à l'abnégation, et sa charité, jusqu'à l'héroïsme. Chaque degré dans les saints ordres embrasait son âme de plus en plus de la flamme apostolique. On sent qu'elle le pousse jusqu'à l'immolation entière, jusqu'au martyre. Le caractère sacerdotal y imprime le dernier sceau. Le secret de cette vie et de cette mort est dans la grâce du sacerdoce. Les pauvres misérables, fous et aveugles, qui furent ses bourreaux, ne l'ont assassiné, sans doute, que parce qu'il était prêtre. Il n'avait pas d'autre titre à être leur ôtage et leur victime. Si l'abbé Planchat a renoncé aux avantages que le monde lui offrait pour se faire prêtre, ce fut par amour des pauvres gens du peuple, et c'est surtout parce qu'il fut prêtre qu'il leur a fait tant de bien et qu'il les a tant aimés.

III

L'APOTRE DU PEUPLE

La communauté où entrait l'abbé Planchat, avec l'autorisation de son directeur et de ses supérieurs ecclésiastiques, ne comptait alors que quatre membres. Il était le premier prêtre qu'elle recevait dans son sein ; mais, en réalité, il était l'un de ses premiers fondateurs. Au séminaire, il n'avait renoncé ni à son attachement au Patronage, ni à cette sainte confraternité que l'exercice des œuvres rend si étroite entre les membres de Saint-Vincent de Paul. Ce sentiment et cet attrait devinrent même pour lui un scrupule. Il craignait de trop aimer ses frères et leurs travaux, comme cette bonne fille de la Charité qui ravit un jour Saint-Vincent de Paul, en se confessant d'avoir trop aimé les pauvres.

La Providence avait procuré à la petite communauté un asile, plus propre à sa formation que la Maison d'œuvres, pleine de mouvement et d'activité, de la rue du Regard. Une habitation assez vaste avait été concédée gratuitement aux Frères de Saint-Vincent de Paul à Grenelle, alors banlieue de Paris. Ils s'y étaient installés dans le mois de mai 1847. Après les labeurs charitables de la journée, ils venaient se réfugier dans cette petite retraite, heureux de se retrouver ensemble, de se retrouver eux-mêmes et de se recueillir devant Dieu. Bientôt Notre-Seigneur daigna venir résider au milieu d'eux, dans le tabernacle de leur humble oratoire, le 15 octobre 1849, fête de Sainte Thérèse. Touchée des misères du pays qui lui avait donné asile, la petite communauté réfugiée à Grenelle pour y goûter quelque repos spirituel, ne put résister à la tentation d'y implanter ses œuvres. Une Conférence de Saint-Vincent de Paul, une bibliothèque populaire, un patronage d'apprentis et d'écoliers, un catéchisme pour les adultes n'ayant pas fait leur première communion, et enfin, un fourneau économique furent successivement établis.

La population ouvrière, attirée dans la plaine de Grenelle par ses grandes usines et le bon marché relatif de ses loyers, offrait un vaste champ au zèle de l'abbé Planchat. Entraînés par la fièvre d'émigration des campagnes sur les villes, ces braves gens avaient eu, pour la plupart, dans leurs villages des habitudes chrétiennes. Le travail du dimanche, l'entraînement des ateliers, les exemples de leurs voisins les avaient peu à peu détournés de l'accomplissement de leurs devoirs religieux, sans qu'il y eût de leur part aucun parti pris d'irréligion. Tel était du moins, en général, l'état moral des ouvriers de la banlieue de Paris, il y a vingt ans. Il n'est que trop certain que, grâce à de funestes influences, leurs dispositions ont bien changé depuis. Toujours est-il qu'à cette époque, l'abbé Planchat obtint de grands fruits parmi eux. Ils ne pouvaient, prétendaient-ils, aller trouver leur curé à l'église. L'abbé Planchat entreprit d'aller les chercher dans leurs demeures. Il parcourut les plaines du bord de l'eau, à peine habitées, les refuges les plus ignorés et jusqu'aux bouges de la rue Croix-Nivert. Pauvrement vêtu comme ces braves gens, souriant, familier, affable, écoutant leurs plaintes, afin de faire mieux entendre ses avis, s'offrant à les assister par des secours et des démarches de tout genre, il fut accueilli de tous comme le pasteur de l'ouvrier. Parfois reçu froidement dans une visite un peu hasardée, il ne se rebutait pas ; les médailles, les images, les petits livres, dont il était toujours chargé, distribués aux petits enfants, finissaient par lui ouvrir toutes les portes. Presque toujours ses visites obtenaient de notables résultats, et souvent d'admirables fruits. Une conversion en décidait une autre. Un seul mariage civil, qu'il s'offrait de faire bénir, lui en amenait tout de suite une demi-douzaine. Aussi avait-il constamment plus de cent mariages en instance à la société de Saint-Régis. La première communion tardive d'un jeune ouvrier de fabrique lui procurait l'occasion de faire faire leurs Pâques à tous ses parents, ou de confesser un aïeul en retard de quarante à cinquante ans. Ainsi les diverses œuvres, commencées par les Frères de Saint-Vincent de Paul, fécondées par le zèle du jeune prêtre qui était venu prendre rang parmi eux, s'étaient rapidement développées et avaient produit des fruits inespérés. L'alliance de ces deux forces, l'initiative laïque et la grâce du ministère ecclésiastique, leur parut dès lors indispensable et voulue de Dieu, pour l'apostolat sérieux des classes ouvrières. Toutes ces œuvres prospéraient donc de plus en plus, lorsque le bon maître, afin sans doute d'éprouver la foi de ses serviteurs, se résolut de leur retirer pour un temps le secours qu'il leur avait donné, comme pour leur en faire mieux apprécier tout le prix. L'abbé Planchat tomba malade. Les fatigues excessives auxquelles son zèle l'avaient entraîné, jointes à l'épuisement où l'avait mis la vie sédentaire du séminaire, l'obligèrent à interrompre tous ses travaux et à aller chercher en Italie force et repos. Ce fut un sacrifice bien douloureux pour lui, pour sa communauté et pour son petit troupeau à peine réuni. Grâce à l'intercession du bienheureux père Claver, apôtre des nègres, pour lequel il professait une grande dévotion, son exil ne dura guère qu'une année. Au mois d'avril 1853 il revenait à Grenelle, entièrement remis; il reprenait son ministère et lui donnait un nouvel élan par l'établissement de la Sainte Famille. M. le curé le chargea bientôt d'un patronage de jeunes ouvrières, déjà fort important, qui, grâce à ses soins, prit un développement considérable. Son action s'étendait à la fois sur les familles et sur la jeunesse ouvrière des deux sexes, embrassant, pour ainsi dire, toute cette population.

Toutes ces œuvres dont il était l'âme se complétaient l'une par l'autre et se prêtaient un mutuel concours. « Sa position de directeur de la Sainte Famille, écrivait récemment la pieuse fondatrice de l'œuvre des jeunes ouvrières, le mettant en rapport avec les parents des enfants, le patronage augmentait son influence sur les familles. Tous les dimanches il venait faire l'instruction, qu'il savait si bien rendre intéressante et mettre à la portée de toutes ces jeunes ouvrières et apprenties. La leçon était toujours pratique et sous une forme si aimable, que chacune aimait à recevoir de tels avis et à en profiter, Outre ces instructions générales il présidait habituellement les réunions du Bon Conseil, association de jeunes ouvrières, fondée par Mgr de la Bouillerie dans l'œuvre générale des patronages, sur le modèle des petites conférences de Saint-Vincent de Paul. Comme il savait bien exciter le zèle de ces jeunes filles, leur enseigner à faire le bien en se sanctifiant elles-mêmes! Assister de pauvres familles ou de bonnes femmes âgées et infirmes, visiter leurs compagnes malades ou absentes, seconder la directrice dans les réunions du dimanche, en se chargeant de toutes les fonctions confiées à leur

zèle, telles étaient les bonnes œuvres des jeunes ouvrières. M. l'abbé Planchat sut donner une bien heureuse
direction à cette association, qui a toujours été le soutien du Patronage ; il sut y répandre cet esprit de Saint-
Vincent de Paul qu'il possédait à un si haut degré, et
qui avait présidé à la fondation de l'œuvre. »

L'apostolat de l'abbé Planchat à Grenelle a duré environ huit ans. Comment le raconter ? En quoi consiste
aujourd'hui la vie du missionnaire en pays chrétien ?
Habituellement, en prédications suivies, données durant un temps assez court dans une localité, sans y
prolonger son séjour. Ce mode d'apostolat, dans les
contrées où la foi vit encore, suffit pour faire accourir
les populations. Dans les villes où elle a disparu presque
entièrement, le prêtre missionnaire ne parvient guère à
attirer, malgré son zèle et son talent, qu'un auditoire
restreint et converti à l'avance. La population ouvrière
et incroyante ne s'ébranle plus à la voix des Pasteurs.
Le peuple ne sait plus le chemin de nos temples, et presque toutes les industries échouent à l'y attirer. L'abbé
Planchat se livra peu au ministère de la chaire,
quoiqu'il possédât la science et le talent nécessaires
pour y réussir. Il ne prêcha jamais dans les églises,
où il savait trop bien que les ouvriers ne viendraient
pas l'entendre. Il ne parla guère que dans les chapelles
d'œuvres, où ses discours familiers ne furent que du catéchisme. Ses *avents*, ses *carêmes*, il les prêchait en allant
de porte en porte, chercher les pécheurs chez eux. Il fut
apôtre à domicile ; sa clientèle n'était pas celle de la
paroisse ; il était voué uniquement à ceux qui ont
cessé d'y paraître, et ne travaillait qu'à les y ramener.
Comment raconter les labeurs d'une vie pareille ? Une
course à travers les masures de l'avenue Saint-Charles
lui produisait plus de conversions qu'une station de six
semaines dans certaines paroisses de nos grandes vil-

les. Chacune de ses conversions était, il est vrai, une sorte de roman. Des volumes ne suffiraient pas à relater les plus remarquables ; beaucoup ne sont connues que de Dieu seul. La plupart n'ont pas été recueillies. En voici quelques-unes échappées à l'oubli. Elles ne sont pas les plus frappantes ; mais elles suffisent pour donner une idée assez exacte du ministère particulier de l'abbé Planchat, et des fruits qu'il en recueillait.

Il y a quelque dix-neuf ans, dans un village du diocèse de Séez, deux fiancés, par suite d'une discussion avec leur curé, se marient à la mairie sans s'adresser après à l'église. Dans cette position, ils ne peuvent rester au pays. Arrivée à Paris, la pauvre femme, que le remords tourmentait, essaya de fléchir l'opiniâtre rancune de son mari contre les prêtres. Le mari parut céder ; mais il fallait se rendre auprès du vicaire d'Auteuil, qui avait parfaitement accueilli la femme. L'indomptable charretier se dédit. Emigrée de Grenelle, la pauvre blanchisseuse travaillait dans le même atelier que deux jeunes filles du Patronage des jeunes ouvrières, dont l'abbé Planchat était aumônier. La bonne tenue de ces enfants, leur courage modeste au milieu des railleries et des paroles licencieuses, attirèrent l'attention de la pauvre rebutée et gagnèrent sa confiance. Un jour, à l'heure du repas, elle prit à part l'aînée des jeunes filles :

« — Si je pouvais voir mademoiselle P., il y a bien longtemps que je désire lui parler. On la dit bien bonne, la directrice du Patronage ; cela ne la gênera pas trop que j'aille la voir ?

La jeune ouvrière ménagea l'entrevue.

— Mademoiselle, dit à la directrice la pauvre femme tout embarrassée, si j'osais je vous demanderais une chose. Je voudrais recevoir le Saint-Scapulaire, mais sans me confesser : cela se peut-il ?

— Je consulterai là-dessus ; mais d'où vous est venue cette bonne pensée ?

— Il y a deux ans, étant malade et bien triste, j'en ai eu l'idée, mais elle partit avec le mal. Aujourd'hui je souffre d'un pied ; j'ai essayé tous les remèdes ; aucun ne m'a réussi. J'ai dû interrompre mon travail à plusieurs reprises. Je serai bientôt tout à fait impotente ; quelque chose me dit que pour me guérir, il me faut le Saint-Scapulaire... »

Mademoiselle P. consulta. M. le curé de Grenelle voulut bien donner lui-même le Saint-Scapulaire à la pauvre blanchisseuse, quoiqu'elle ne se fût pas encore confessée. Quelques jours après, le mal avait complétement disparu. La reconnaissance amenait au confessionnal, l'après-midi du jour de Pâques, la brave blanchisseuse guérie. Avant la confession, l'abbé Planchat lui demanda si elle était mariée.

« — A la mairie, oui ; à l'église, non. Si vous pouviez décider mon mari !

« — J'irai le trouver ce soir chez vous ; le jour de Pâques les charrettes se reposent sans doute. »

Le soir arrivé, le mari se fit attendre. Le temps fut mis à profit ; on récita un chapelet tout entier pour sa conversion, devant la madone proprement et soigneusement habillée, qui gardait la modeste chambre. Le charretier arrive. Sollicité vivement, il hésite ; enfin il assigne un délai qui lui est nécessaire, dit-il, pour amasser l'argent d'une robe et d'une belle bague. Le bon Dieu raccourcit ce délai. A dix jours de là, vers sept heures du matin, le charretier ramenait un cheval de la rivière. L'animal recule tout à coup contre une pièce de bois et fait la culbute. Le cavalier devait être écrasé. Une jambe seule reste engagée. Une forte contusion s'en suit ; nécessité, par conséquent, de rester au lit. L'abbé Planchat en profite : il va le trouver. Le charretier ne sait plus ses prières qu'à moitié ; il les lui apprend. Il lui fait lire l'*Abrégé de ce que tout chrétien doit croire et pratiquer*. Dix jours après, il assistait à la messe de l'abbé Planchat, et allait recevoir, à l'église paroissiale, la bénédiction nuptiale avec sa femme. Le dimanche suivant, la blanchisseuse communiait à la paroisse, en compagnie de la jeune ouvrière. Elle est maintenant l'apôtre de l'atelier.

Par une nuit extrêmement rigoureuse d'hiver, et par un temps affreux de glace et de neige, l'abbé Planchat part pour administrer sur les bords de l'eau, à l'extrémité de la plaine d'Issy, une pauvre batelière qui se mourait. Il était plus de minuit et il n'était pas encore rentré dans sa communauté. La neige tombait en abondance. Il arrive enfin trempé de boue, transi de froid ; mais ramenant avec lui un soldat égaré, et un malheureux ouvrier sans gîte, qui, sans la charité de l'abbé Planchat, auraient péri de froid, à coup sûr. Il les réchauffe, leur sert à manger et leur procure un abri.

Un jour, il se rend auprès d'un mourant dont il sait l'âme en plus grand danger que le corps ; malgré de longues instances, il ne peut obtenir de pénétrer jusqu'au chevet du moribond et les menaces les plus violentes le forcent à descendre, la tristesse dans l'âme, du pauvre logis ? Il est dix heures du soir, et la vie en cet homme ne peut se prolonger. Il fait froid, toutes les portes sont fermées ; que faire pour être à portée d'intervenir une dernière fois ? L'apôtre a bien vite pris son parti. Il s'assied sur une borne près la porte d'entrée et commence la récitation du Rosaire pour obtenir le retour de cette âme. A minuit, l'humble et courageux prêtre était encore là ; tout à coup, une personne sort de la maison, l'air bouleversé. M. Planchat court à elle. Cette femme le prie de venir en hâte près du malade qui demande un prêtre. Il monte d'un pas rapide cet escalier qu'il avait si tristement descendu quelques heures auparavant, confesse et administre le mourant, qui rend bientôt à Dieu, entre les bras du digne apôtre, son âme purifiée.

Au retour de ses courses, il tombait épuisé. Un soir, à peine rentré, on le demande pour un malade. Il part accompagné d'un enfant ; mais en route il tombe évanoui sur le bord d'un trottoir. L'enfant fait tous ses efforts pour le relever, mais ne peut y parvenir. Des gens qui passent viennent à son secours et transportent l'abbé Planchat dans une maison voisine. A peu près revenu à lui, il repart aussitôt pour aller chez son malade.

Appelé par un garde national : « — Vieux diable...! » il se retourne et lui répond :

— Mon ami, le diable nous a fait du mal ; moi, je ne vous ai jamais rien fait !

Une femme d'ouvrier vient un jour le trouver et lui demande des secours......

— Si vous êtes malheureuse, lui dit l'abbé Planchat c'est la faute de votre mari qui boit tout ce qu'il gagne. — Puis, s'emparant des deux enfants qui accompagnaient leur mère.

— Allez me chercher votre mari, je ne vous rendrais pas vos deux enfants sans cela —.... Le mari vint, reçut une verte semonce, et finit par se confesser.

Il récitait son bréviaire en allant voir les malades et pendant l'hiver il s'arrêtait pour lire les antiennes, les oraisons, à la devanture des marchands de vin, à la grande stupéfaction des consommateurs.

— Allons, mes amis, disait-il aux enfants qui l'accompagnaient, disons une dizaine de chapelet pour ce pauvre malade..... Et la première dizaine en amenait une seconde, une troisième, etc., jusqu'à ce que l'on fût arrivé.

Un jour, en passant devant un atelier de blanchisseuses, son air pauvre, sa soutane usée, rapiécée, sa tournure singulière, excitent les rires et les moqueries de ces ouvrières. Sans se déconcerter, l'abbé Planchat entre aussitôt dans l'atelier de ces femmes, distribue à toutes, médailles, chapelets, images dont il avait toujours une ample provision. Il leur adresse de bonnes paroles toutes chrétiennes, tout amicales, et les laisse stupéfaites de sa douceur et de sa charité. La maîtresse de l'atelier sort aussitôt, court après lui, et comme pour réparer la malhonnêteté de ses ouvrières :

— Monsieur l'abbé, dit-elle, les larmes aux yeux, voilà cinq francs que nous vous prions d'accepter pour une messe à notre intention !

Le zèle de notre apôtre ne fut jamais exclusif. Toutes les œuvres lui étaient aussi chères que les siennes, et il s'y donnait de toute son âme, quand on l'invitait à y concourir. On le pria de venir prêcher une retraite de première communion d'enfants retardataires, à la maison de patronage Saint-Charles, entre le faubourg Poissonnière et le faubourg Saint-Denis. Il accepte et se charge en même temps de l'habillement et de la nourriture de ces cinquante enfants.

En ce moment le choléra sévissait à Montmartre. Dans les intervalles des exercices de la retraite et après la journée, l'abbé Planchat parcourait la paroisse, avec plein pouvoir de M. le curé, visitant et administrant les pauvres cholériques une partie de la nuit.

Il va voir un petit apprenti atteint de la terrible maladie, en même temps que son père et sa sœur. Il les confesse tous ; mais le père adonné à l'ivrognerie succombe ; l'enfant le suit le lendemain. La petite fille seule est sauvée. L'abbé Planchat la conduit chez les Sœurs qui la recueillent.

Il va voir un autre enfant malade de la poitrine. Il le confesse, l'administre et l'enfant guérit. La mère, toute joyeuse, se confesse et se convertit.

Un autre apprenti de Saint-Charles a son père et sa mère qui vivent dans le désordre. Ils ne sont pas mariés. Le choléra les frappe. Ils vont mourir. L'abbé Planchat accourt, les reconcilie et les marie au lit de mort. En rentrant au Patronage, il trouve à son confessionnal, à deux heures du matin, des ouvriers qui l'attendent. Il faut qu'il y reste jusqu'au jour, et il reprend immédiatement sa tâche, auprès des cholériques et des communiants, sans avoir pris un instant de repos.

A une autre époque, dans cette même maison Saint-Charles, l'abbé Planchat convertit une zélée protestante mariée civilement à un catholique, qui n'avait pas fait sa première communion. Ils étaient déjà âgés. Après trois mois de préparation, il présidait, dans la petite chapelle de l'œuvre, à l'abjuration de la protestante, à son baptême sous condition, ainsi qu'à la première communion, au mariage et à la confirmation de ces pauvres gens. En moins d'une semaine, il leur avait fait recevoir tous les sacrements de l'Église, hormis l'Ordre et l'Extrême-Onction.

L'œuvre de Metz venait d'être fondée, et ne comptait encore qu'une vingtaine de membres. Son fondateur, M. l'abbé Risse, ne connaissait encore aucune autre œuvre de jeunesse, et par conséquent ignorait la plupart des moyens usités pour attirer les jeunes gens, les maintenir à l'œuvre et surtout les y sanctifier.

La bonne Providence y pourvut. M. Planchat revenait

de Rome. Il a à lui quelques heures, avant le départ du train pour Paris. Il entend parler d'une petite œuvre d'ouvriers qui se fonde. Il y passe toute sa soirée, parle aux jeunes gens qui sont enchantés de lui, leur distribue des souvenirs, fonde une petite conférence de Saint-Vincent de Paul, parle des œuvres de Paris, de la petite Congrégation naissante des Frères de Saint-Vincent de Paul, fait la prière du soir avec les jeunes gens, les encourage et les fortifie. C'est à partir de ce moment que l'œuvre de Metz, ayant trouvé sa voie, fut véritablement fondée. Dès le dimanche suivant, on visita des familles pauvres ; on pria mieux ; on se récréa avec plus d'entrain. Plus tard, le directeur se rappelait l'apôtre qu'il avait vu, songeait à la Congrégation à laquelle il appartenait, entrait dans cette même Congrégation et donnait ainsi un avenir et comme la perpétuité à son œuvre.

En 1861, les supérieurs de l'abbé Planchat l'envoient à Arras pour seconder un charitable prêtre, M. l'abbé Halluin, fondateur d'un grand orphelinat de jeunes ouvriers et d'apprentis, travaillant en ville dans les ateliers et rentrant chaque soir à la maison de famille.

Voici quelques traits de sa vie pendant son séjour à Arras, racontés par un témoin oculaire :

« Lorsqu'il entra dans l'orphelinat, les enfants descendaient de la chapelle ; les ayant rencontrés en allant faire sa visite au saint sacrement, il leur adressa aussitôt les paroles les plus aimables ; il avait un mot d'amitié pour tous ; il se mit à la porte du vestibule, et à mesure que chaque enfant passait, il lui faisait un signe de croix sur le front, comme pour prendre possession de ces jeunes âmes qui lui étaient confiées.

« Il était à Arras depuis quelques mois à peine que déjà il connaissait un grand nombre de pauvres ; toutes les communautés de la ville, bon nombre d'ecclésiastiques, et plusieurs personnes riches, dans 'unique but de soulager toutes les misères. Il avait, en outre, un talent admirable pour faire compatir les pauvres jeunes gens et enfants de son orphelinat aux misères de ceux qui étaient plus pauvres qu'eux; il avait établi dans la maison l'œuvre de la sainte enfance et de la propagation de la foi. Un soir, au souper, il fit entrer au réfectoire une pauvre femme avec plusieurs enfants en bas âge, laquelle disait qu'elle n'avait pas de pain pour ses enfants, ni de logis pour les abriter. Tous les orphelins aussitôt d'apporter dans un panier leur morceau de pain du soir, pleurant presque sur la misère de cette pauvre femme.

« Son amour pour les enfants était tel, et il savait si bien le leur témoigner à l'extérieur, qu'on se sentait attiré, et tout à fait à l'aise auprès de lui; aussi comme il connaissait bien ses chers enfants, et comme il savait tous les prendre pour les amener au bien ! combien de ommunions ferventes, n'a-t-il pas provoquées; à combien de jeunes gens n'a-t-il pas appris à aimer le bon Dieu ! et chose remarquable, bon nombre de ceux qu'il avait formés gardait ensuite quelque chose de cette ardeur pour le bien qu'on remarquait en lui.

« Un jour voulant exciter à l'amour de Dieu par la voie des souffrances, ceux qui l'écoutaient : « Ah ! s'écria-« t-il, que de saintes âmes, plus faibles que nous en « apparence, nous feront honte au tribunal de Dieu ! « j'ai eu à Grenelle à diriger, de pauvres femmes, « de faibles jeunes filles, qui avaient le courage par « amour pour Dieu, de mouiller leurs mains, pendant « l'hiver avant d'aller à leur travail le matin et de les « laisser exposées aux rigueurs du froid jusqu'à leur « atelier. »

« Ce saint homme n'ajoutait pas que lui-même avait allumé le feu de l'amour divin dans leur cœur. »

« — Un jour à Arras, il revenait de chanter les vêpres dans une église de la ville accompagné des enfants de chœur, qui n'étaient autres que des enfants de son orphelinat ; or, on leur avait donné des fruits. L'un des enfants, en ayant reçu beaucoup de gâtés, vint se plaindre au saint prêtre de ce qu'on lui avait donné les plus mauvais ; celui-ci aussitôt, prend les fruits pourris en plaisantant l'enfant, et les mange avec autant de plaisir que si c'eut été la pâtisserie la plus excellente.

« — Une autre fois qu'il rentrait encore avec ses enfants de chœur, l'un d'eux dit par hasard qu'il avait grand besoin de se laver les pieds. Mais il fallait une permission pour aller chercher de l'eau à la cuisine. Le bon Père Planchat se charge aussitôt de la commission ; il va lui-même chercher de l'eau et une serviette ; puis prenant l'enfant, il se met à genoux, le déchausse lui même, lui lave les pieds avec le plus grand soin, et les embrasse avec foi, faisant cette réflexion que Notre Seigneur avait voulu avoir les siens percés pour tous les péchés que nous commettons dans nos démarches.

« M. Planchat écrivit à une dame généreuse de Paris, lui demandant une aumône afin d'acheter une statue de saint Joseph, et de la placer dans la chapelle qui ne possédait pas l'image du saint si cher à l'abbé Planchat. Celle-ci répond en envoyant une somme assez ronde ; toutefois elle ajoutait que désormais le saint prêtre voulut bien ne lui plus rien demander, parce que trop souvent elle avait été importunée par lui. Le bon abbé Planchat commence par faire élever dans sa chapelle une belle statue de saint Joseph, puis remercie la bonne dame de sa générosité, sans manquer d'exprimer son chagrin pour la défense qui lui était faite de s'adresser à elle désormais.

« Une année environ se passa, et le saint abbé Planchat était toujours à Arras. Or, de temps à autre, il allait officier dans une belle église de la ville, et il emmenait avec lui quatre orphelins de la maison, qui étaient enfants de chœur dans cette église. Après l'office, il les emmenait souvent promener aux environs; pour lui, les laissant causer à leur aise, il récitait son bréviaire et les suivait à quelques pas.

« Or un jour, entre les petits compagnons une discussion s'éleva; l'un disait : « Moi je serai serrurier; — moi, menuisier, disait l'autre; — pour moi, ajoutait le troisième, je ne sais pas encore ce que je ferai, mais en tout cas, je sais bien que je ne voudrais pas être prêtre; — Eh bien, moi, fit assez timidement le quatrième, je serais très-heureux si je pouvais l'être. » Et une petite lutte s'engageait naturellement entre les deux derniers. L'abbé Planchat assistait muet à cette scène, mais n'en perdit pas un mot. Personne ne s'en doutait, le quatrième moins que tout autre.

« Cet enfant était orphelin et sans ressources. L'abbé Planchat se mit à chercher les moyens de lui faire faire ses études. Il écrivit à Paris à plusieurs personnes riches qu'il connaissait; l'une donnait 20 fr. une autre 40, une autre 50, mais qu'était-ce que ces faibles sommes pour faire parvenir un pauvre enfant jusqu'au sacerdoce? Notre saint homme vit bien qu'il fallait trouver une personne qui se chargeât entièrement de l'enfant. Il n'en trouva pas d'autres que la bonne dame, qui lui avait défendu de lui rien demander à l'avenir.

« On était au mois de mars : un matin M. Planchat prend l'enfant, le conduit à la chapelle aux pieds de saint Joseph, et lui adresse cette prière : « O mon bon « saint Joseph, je vous amène cet enfant pour que vous « soyez vous-même son père; il veut appartenir pour « toujours à votre divin Fils Jésus; l'âme généreuse à « qui vous devez d'être honoré dans cette chapelle, est

« la seule qui, à ma connaissance, puisse se charger de
« lui. Quoiqu'elle m'ait défendu de lui rien demander
« à l'avenir, je lui écris cependant, la priant d'adopter
« cet enfant ; à vous de changer son cœur, et de l'a-
« mener à exaucer ma demande. »

Aussitôt il prend la lettre, la dépose sur les bras de
saint Joseph, prie pendant quelques instants avec l'enfant, reprend la lettre et la met à la poste. — Quelques
jours après la réponse arrivait ; elle était ainsi conçue :
« J'adopte l'enfant, à la seule condition qu'il prendra
le nom de Joseph à la confirmation. » — Dès ce moment le petit Edouard commença ses études, il entra plus
tard au grand séminaire ; il est prêtre aujourd'hui. »

L'abbé Planchat resta à Arras jusqu'en 1863. Le R. P.
Halluin a résumé ainsi son ministère pendant ces deux
années :

« Il réunissait ce qui doit faire aujourd'hui plus que
jamais le prêtre utile au peuple, l'apôtre dans toute la
force du terme, dont les pieds ne tiennent plus à la
terre, ni les mains à l'argent, ni la tête aux épaules.... »

En 1863, l'abbé Planchat fut rappelé à Paris et
chargé par ses supérieurs des fonctions d'aumônier à
la maison de patronage des apprentis et des jeunes ouvriers de Sainte-Anne, qui venait d'être fondée. Ce fut
le dernier théâtre de son zèle.

Cet établissement est situé à Charonne, à l'extrême
limite du faubourg Saint-Antoine, non loin des anciens
boulevards d'enceinte de Paris. La rue des Bois, où il est
bâti, est ouverte depuis peu, au milieu de jardins maraî-
chers. L'air y est pur, le ciel ouvert. C'est la campagne
dans un des quartiers les plus bruyants et les plus
populeux de Paris. Sur la façade s'élève le pignon

d'une chapelle. romane ; à droite est construit le bâtiment qui contient les salles de jeux et de réunion des
apprentis et des jeunes ouvriers. Derrière ces deux cons-
tructions s'étend un vaste terrain de quatre mille mètres
de superficie,

A l'époque où l'abbé Planchat fut chargé du patronage Sainte-Anne, l'œuvre était loin d'être ce qu'elle est
aujourd'hui. Elle ne possédait pas de chapelle ; il fallait
conduire les apprentis pour les offices tantôt à Saint-
Ambroise, tantôt à Sainte-Marguerite ; ces églises trop
petites pour la population ne pouvaient pas toujours
recevoir les enfants. Le patronage occupait alors rue
de la Roquette le rez-de-chaussée d'une pauvre maison.
Ce fut un après-midi de juillet que M. Planchat vint
pour la première fois s'y établir. Il s'était fait accompagner d'un grand panier de fraises de bois, dont il fit
lui-même la distribution à tous les enfants. Le samedi
suivant M. Planchat dut confesser les jeunes gens au
milieu des chevaux. On allait quitter la maison pour
s'établir dans le nouveau local ; le propriétaire n'avait
pas attendu son complet déménagement pour faire oc-
cuper le patronage transformé en écurie. Après la
messe on fit une promenade à la nouvelle maison, qui,
suivant les habitudes traditionnelles du bâtiment, n'était
pas achevée pour le jour convenu. Les bâtiments furent prêts pour la fête du 15 août. La salle des jeunes
ouvriers dut servir provisoirement de chapelle ; les
Conférences de Saint-Vincent de Paul donnèrent l'autel
et les bancs ; M. l'abbé Planchat, aidé de quelques personnes charitables, fournit le reste. Ce qui ne lui fut pas
donné, il l'acheta à crédit, comptant sur la providence
et sur le bon père saint Joseph. Aidé du directeur et de
quelques jeunes gens dévoués, il passa la nuit tout entière pour préparer ce qui était nécessaire à l'inaugu-
ration et à la bénédiction de la chapelle. Tout était à

faire, laver les planchers, draper le tabernacle, orner et décorer les salles. Dès le matin, il bénit le sanctuaire provisoire et y offrit le premier le saint sacrifice ; aussitôt après il se mit à confesser les enfants qui arrivaient en grand nombre malgré la proximité de la fête publique. A 8 heures et 1/2, le supérieur général de la congrégation des Frères de Saint-Vincent de Paul vint dire la sainte messe et adressa une courte exhortation aux enfants.

L'abbé Planchat avait pensé à tout, excepté à lui. Il oublia de s'acheter un lit; pendant plus d'un mois il coucha sur la toile nue d'un mauvais lit de sangle.

Il commença par visiter toutes les familles de ses jeunes gens; il découvrit bien des misères morales, bien des familles dont les parents n'étaient mariés que civilement, d'autres chargées d'un grand nombre d'enfants, vivant dans une extrême pauvreté; aux premières il donna les soins spirituels dont elles avaient besoin; aux secondes il distribua les secours que son zèle et la Providence lui mettaient entre les mains. Son activité porta en peu de temps de grands fruits; plusieurs ménages reçurent la bénédiction de l'Église; plusieurs abjurations eurent lieu ; des conversions éclatantes de pères de famille qui n'avaient plus fait leurs devoirs depuis leurs premières communions furent obtenues. Tels étaient les fruits abondants que portèrent les premières visites de notre apôtre dans les familles.

Ces occupations extérieures ne lui faisaient pas négliger la grande œuvre dont il était chargé, ces quatre cents jeunes gens dont il était le père. Dans la maison il établit l'archiconfrérie de Notre-Dame des Victoires qu'il fit agréger à la grande association. Il établit une autre congrégation composée des enfants les plus pieux, afin de former un bon noyau de jeunes gens qui entretint l'esprit de ferveur et de piété.

Un de ses premiers soins fut d'encourager les enfants et les jeunes gens à la communion fréquente. Presque tous les dimanches il distribuait dans la journée à cinquante personnes le sainte Eucharistie.

Le dimanche, dès six heures du matin, il était à la disposition de tous; il ne sortait du confessionnal que pour monter à l'autel; encore, bien des fois, se faisait-il attendre. C'était pour lui une très-grande peine que de renvoyer après la messe ceux qu'il n'avait pu confesser auparavant; il ne cessait d'engager les jeunes gens à venir plus tôt, et il finit par obtenir de messieurs les aumôniers du Père La Chaise de recevoir pendant la messe les confessions qu'il n'avait pu entendre. L'instruction qu'il faisait après le saint Évangile était simple, pressante, circonstanciée et pratique. Après le saint sacrifice il retournait vite auprès de ses pénitents, craignant qu'un seul d'entre eux, poussé par la faim, n'abandonnât le pieux dessein qu'il avait eu de communier. Comme souvent une partie de ses enfants ne savait pas lire, il avait le soin d'attirer quelque personne pieuse qui les préparât à la sainte communion et leur fît faire avec piété leur action de grâces; lorsque les enfants sortaient de la chapelle, il leur montrait par toutes sortes d'attentions aimables sa satisfaction et sa joie.

« — Voilà des enfants courageux, qui aiment vraiment le bon Dieu, disait-il, qui n'ont pas craint de se donner un peu de peine, de souffrir un peu de la faim, de se priver de jouer pour recevoir le Bon Maître. »

Il avait toujours quelque chose à leur donner, à l'un un petit livre, à une autre une tablette de chocolat. A celui auquel il savait que la collation du patronage ne suffisait pas, et dont la famille pauvre n'avait pas le moyen de donner quelque argent pour passer le dimanche, il faisait prendre chez le concierge une tasse de café ou de bouillon.

L'amour de la sainte Eucharistie qu'il avait su inspirer aux enfants était si grand, que plusieurs firent des actes héroïques pour se procurer ce pain céleste. Presque tous les dimanches certains apprentis, que la nécessité ou l'impiété des patrons avaient forcés de travailler une partie de la journée le dimanche, restaient à jeun, malgré leurs rudes travaux et la chaleur, pour venir à la messe de midi et demi. Il a donné souvent la sainte communion à trois heures de l'après-midi à des enfants qu'on avait empêchés de se rendre plus tôt au patronage. Une fois il arriva qu'un apprenti qu'on voulait ainsi priver de la sainte communion, aima mieux rester à jeun toute la journée que de toucher à une bonne tasse de chocolat qu'on lui avait servie ce jour-là par extraordinaire.

M. Planchat avait su attirer dans sa chapelle les pères des enfants ; il les plaçait avec honneur dans le sanctuaire, il leur faisait le plus gracieux accueil, s'intéressait à tout ce qui pouvait les toucher, les invitait à se rafraîchir et même à déjeuner avec lui ; il procura ainsi sous cette forme délicate à de pauvres ouvriers un repas un peu meilleur dont ils avaient besoin pour se soutenir ; ces invitations étaient tellement fréquentes et nombreuses que bien souvent ses confrères venant se mettre à table, ne trouvaient plus rien.

Quand l'abbé Planchat n'était pas trop pressé par les confessions, il servait lui-même ses braves ouvriers ; il aimait à se faire leur serviteur, mais le plus souvent il les conduisait au réfectoire et prenait aussitôt congé d'eux pour aller trouver d'autres personnes qui le demandaient. Lorsqu'il voyait qu'il avait pris assez d'influence sur ces personnes, et qu'elles avaient compris combien il leur portait un véritable intérêt, il les amenaît doucement à la confession ; aucune d'elles alors ne pouvait résister à sa charité.

Voyant le grand nombre d'ouvriers italiens qui affluaient dans le quartier de Charonne, et qui étaient comme des brebis sans pasteur, il conçut l'idée de leur faire donner une retraite, pour les préparer à la communion pascale ; plus de cent ouvriers en profitèrent. En même temps il préparait à la première communion quelques jeunes gens, qui, partis de leur pays en bas âge, avaient grandi sans accomplir ce grand devoir. Ce premier succès l'encouragea à renouveler l'année suivante la même œuvre, qui produisit des fruits plus consolants encore ; car outre un grand nombre de communions pascales, il prépara à la première communion près de cinquante enfants, la plupart appartenant à cette malheureuse classe de musiciens ambulants, dont l'instruction est si difficile à cause de leur état de vagabondage, et de l'espèce d'esclavage où des patrons avides les retiennent. Il voulut dès lors donner à cette œuvre plus de stabilité ; par ces soins une *Sainte-Famille italienne* fut bientôt fondée au patronage Sainte-Anne, et elle fut le modèle sur lequel deux autres furent érigées peu après dans différents quartiers de Paris. Si depuis cette époque, tous les ans, bon nombre d'enfants italiens ont pu être admis à la première communion, c'est à son initiative qu'on le doit. Il n'a jamais cessé depuis lors d'être un véritable protecteur pour les Italiens pauvres du quartier, leur procurant des secours, les aidant à faire venir d'Italie les actes nécessaires pour contracter des mariages ou les légitimer, et surtout en leur rappelant leurs devoirs religieux, mettant en pratique, à leur égard, le *compelle intrare* de l'Évangile.

Le travail de la grâce dans les âmes, travail si contraire à la nature, explique la singularité de la plupart des saints. Le contraste de leur manière d'être avec les habitudes du commun des hommes et même des chrétiens est souvent pour ceux-ci une pierre de scandale. On sait toutes les contradictions qu'ont rencontrées dans leur vie, même les plus aimables et les plus attrayants par leur mansuetude et leur charité. Le monde ne comprend rien à leur façon d'agir et se révolte contre ce qu'il appelle l'excès du bien, et ce que saint Paul a si justement nommé la folie de la croix. La sagesse humaine aura beau se récrier, les saints continueront à étonner le monde, qui ne pourra jamais s'accommoder à eux. — C'est cette singularité et cette contradiction qui font le caractère distinctif et spécial de la sainteté à tous ses degrés. Il fut tout particulièrement remarquable en l'abbé Planchat, qu'on accusa souvent de manquer de discrétion et de mesure. Cela ne l'a pas empêché de plaire à Dieu, qui a glorifié ses saintes imprudences en les couronnant définitivement par le martyre.

Aussi n'éprouvons-nous aucune crainte de scandaliser le lecteur chrétien, ni de l'étonner, en lui livrant dans sa sincérité le récit des tribulations que le saint prêtre faisait éprouver, sans le savoir, à ses collaborateurs. Parfois, il est vrai, ceux-ci ressemblaient aux apôtres d'avant la Pentecôte. Ils n'avaient pas toujours la force de veiller une heure avec lui. Au lieu de nuire au respect dû au serviteur de Dieu, le trait suivant fera ressortir davantage son héroïsme par le contraste de la faiblesse trop humaine de son humble et repentant compagnon.

« A mon début dans la communauté, rapporte celui-ci, je fus envoyé au patronage Sainte-Anne pour y remplir les fontions de sacristain et de surveillant ; je devais donc travailler côte à côte avec notre cher martyr, et voici quelques faits que ma mémoire a conservés.

« J'arrivai pour la première fois au Patronage un samedi soir, un peu tard, la veille de l'Immaculée Conception.

« M. Planchat ne me vit qu'au moment du souper. Il m'accueillit avec sa charité ordinaire. Je me souviens qu'il y avait à ce souper deux ou trois convives : un prêtre étranger et deux protestants nouvellement convertis. Le bon M. Planchat fut dérangé au moins cinq fois pendant le repas, si bien qu'il ne put l'achever et les convives profitaient de ses absences réitérés pour exalter sa charité.

« — Quel homme que cet abbé Planchat, disait un Père jésuite, quelle action, quel zèle. C'est un vrai prêtre de Saint-Vincent-de-Paul, il en faudrait quelques-uns de sa trempe pour faire changer de face les ouvriers des faubourgs.

« Et les protestants nouvellement convertis continuaient : « C'est grâce à lui, disaient-ils, que nous avons quitté le protestantisme. Il nous en a coûté avant d'en arriver là. — Demain, ma femme va faire son abjuration, dit l'un ; ce sera un grand jour pour nous. »

« Nous commençâmes à nous mettre à l'œuvre : le père Planchat au confessionnal et moi dans la chapelle et dans la sacristie : il devait y avoir confirmation le lendemain. Les deux pères confessèrent jusqu'à onze heures. J'étais harassé, j'avais fait de gros travaux depuis quelques jours ; je serais volontiers allé me reposer, car j'étais alors et peut-être, hélas! suis-je encore quelque peu paresseux de mon naturel.

« Mais quand les confessions furent finies, il fallut s'installer secrétaire de l'abbé Planchat, et brouiller du papier sans relâche. En voilà jusqu'à une heure du matin, et le saint homme me disait de temps à autres : « Mon ami, si vous vous sentez fatigué, vous pouvez aller vou reposer. » Et moi de répondre : « Non, non ; » je n'osais pas dire oui.

« Comment, en effet, oser se retirer d'auprès d'un tel homme. Je me disais en moi-même : Si je me retirais, ce serait une lâcheté.

« Enfin, à une heure et demie je n'y tenais plus ; le saint s'en aperçut et me commanda de m'en aller. Mais voilà que, vers deux heures, il entre dans ma chambre pour demander des allumettes. J'étais au lit, mais je ne dormais pas ; il me souhaite bonne nuit et s'en va. Un quart d'heure après, il revient et me dit avec beaucoup de ménagement : « Demain, je dois porter le viatique à mes malades vers les quatre heures et demie, cinq heures. Je crains que l'enfant de chœur ne vienne pas ; dans ce cas, je pourrai compter sur vous, n'est-ce pas, ami ? — Oui, oui, répondis-je. »

« Qui fut dit fut fait ; à quatre heures trois quarts, le saint frappe à ma porte et m'invite à me lever par le *Benedicamus Domino.* Nous partons ; depuis quelques jours, le temps était pluvieux ; on ne savait où mettre les pieds. J'étais cependant content de pouvoir suivre Jésus et son digne ministre ; mais, en même temps, je sentais tout au fond de moi-même une espèce de mélancolie, une inquiétude semblable à celle d'un homme en détresse. Nous visitâmes ainsi cinq ou six malades ou infirmes, et à huit heures nous rentrions au Patronage, où le père Planchat était attendu pour confesser et dire la sainte messe ; enfin, la journée se passa comme de coutume. Un petit fait à noter. et il arrivait fréquemment, c'est que, quand je venais pour prendre de la nourriture, je ne trouvais plus rien, un convive improvisé avait pris mon déjeuner, de sorte qu'il fallait attendre, changer mes heures de surveillance. Le directeur était mécontent de moi, etc.

« Le soir donc devait avoir lieu cette confirmation en grande cérémonie. Et il fallait des préparations ! j'en avais la tête bouleversée; j'étais bourré et rebourré, non pas de compliments. Il est vrai que le bon abbé, qui était humble entre les humbles, s'abaissait jusqu'à me faire des excuses; j'en étais confus, mais je sentais comme involontairement le désir, le besoin d'échapper à l'action de cet homme, comme on sent le besoin de se mettre à l'abri des rayons d'un soleil ardent. J'avais une sacristie tout en désordre; tout le monde y venait pour lui parler ou pour autre chose, de sorte que je n'y reconnaissais plus rien : les saintes huiles, le coton, les vases sacrés, les ornements, tout était pêle-mêle. Enfin, à bout de patience, je me cache dans un coin, je fouille dans toutes mes poches, je réunis six sous; vite je prends la poste et me sauve à toutes jambes vers la porte extérieure. Le directeur, qui était en ce moment chez le concierge, me voit passer et cherche en vain à me retenir ; je sors et je cours encore !

« Je dois ajouter qu'à peine rendu à moi-même, je ne pus songer à autre chose qu'au spectacle de tant de dévoûment et de courage dont je venais d'être témoin. Malgré ma jeunesse et mon peu de vertu, je ne tardai pas à sentir combien le zèle de ce saint homme condamnait ma lâcheté. Un grave religieux, à qui j'allai dire mon aventure, me fit remarquer doucement qu'un vrai soldat n'abandonne jamais son poste. La leçon était complète; confondu je me mis à pleurer. Or, quelques jours après, le bon père Planchat venait me faire ses excuses. Ce que je viens de dire résume toute sa vie. »

IV

L'INTÉRIEUR DE L'APOTRE

Un des ecclésiastiques les plus distingués et les plus vénérables du clergé de Paris, M. l'abbé Le Rebours, actuellement curé de la Madeleine, condisciple de M. Planchat au séminaire, et depuis l'un des plus généreux initiés à ses innombrables bonnes œuvres, prononçait ces paroles dans une réunion qui eut lieu au patronage Saint-Anne, lors du premier anniversaire de la mort du saint martyr:

« Je n'ai point connu à Paris de prêtre qui ait fait, pour le salut des âmes, autant de bien que l'abbé Planchat. »

Ce que nous avons dit et ce qui nous reste à dire sur les œuvres du vénéré prêtre, qui se multiplient et deviennent, pour ainsi dire, incroyables à mesure que l'apostolat du saint prêtre approche de son terme, confirme la vérité de ces remarquables paroles.

Mais cette vie extraordinaire ne peut être parfaitement comprise et appréciée, qu'à la condition de connaître les mobiles de cette activité dévorante et l'esprit dans lequel tant d'œuvres étaient accomplies aussitôt qu'entreprises. Il convient donc, au moment où va commencer le récit des travaux qui préludèrent à la plus sanglante tragédie de nos jours néfastes, de nous initier à la vie intérieure du prêtre et du religieux. Ces dispositions nous permettront d'apprécier quelle valeur avait devant Dieu cette vie prodigieuse. Alors nous comprendrons comment cette immolation sanglante n'est pas un douloureux accident de nos troubles civils, mais une mort glorieuse et la récompense méritée des plus héroïques vertus.

Arrêtons-nous donc un moment devant cette figure déjà si sympathique de l'abbé Planchat, à cause de sa simplicité, de son courage et de sa charité. Pénétrons plus avant dans ce cœur, dont les trésors de grâce ont été déjà entrevus par les souvenirs de son enfance et les notes de son séminaire. Vénérons en lui, non-seulement l'ami des pauvres et l'apôtre plein de zèle, mais le religieux dépouillé de lui-même, vivant dans l'union la plus intime avec Dieu, au milieu de la dissipation du monde, de travaux incessants et surhumains, et arrivé déjà à une haute perfection.

Il ne sera pas nécessaire d'entrer dans de bien longs développements. Les traits cités au hasard parmi les pieux souvenirs de ses frères suffiront pour faire pénétrer dans les profondeurs de cette âme exquise, et en révéler les secrets.

On ne saurait dire l'esprit de foi qui animait sa vie sacerdotale. C'est un fait constant, dont tous ceux qui ont eu le bonheur de lui servir la messe ont rendu témoignage, que, lorsque le saint prêtre avait fait descendre l'auguste victime sur l'autel, l'ardeur de sa foi le trahissait aussitôt : « Ah ! mon bon maître ! ah ! mon bon, mon adorable maître ! » disait-il en faisant la génuflexion. Il prononçait ces paroles avec tant d'ardeur et d'amour qu'on éprouvait quelque chose d'indéfinissable en l'entendant. Il ne les prononçait pas seulement une fois, mais plus de quinze fois jusqu'à la communion, dans les courts moments d'arrêt qui peuvent se rencontrer dans le saint canon. Il était si pénétré de la présence de son maître qu'il ne pensait pas qu'on pouvait l'entendre. Du reste, il est fort à croire qu'il ne s'entendait pas lui-même.

Jamais il n'écrivait sans son grand crucifix sous les yeux. Pendant le travail, le nom de N. S., auquel il était constamment uni, s'échappait très-fréquemment de ses lèvres.

Il ne cessait de recommander ses entreprises charitables aux prières de ceux qu'il rencontrait. Très-habituellement il venait assister à la prière des orphelins de Vaugirard pour leur faire part de ses intentions. L'esprit de foi avec lequel il réclamait le secours de la prière, inspirait à ceux auxquels il s'adressait des sentiments semblables aux siens, et l'on remarquait que les enfants ne priaient jamais mieux que lorsque l'abbé Planchat était venu leur faire ses recommandations.

Souvent, exténué par ses courses et ses veillées, il ne pouvait vaincre le sommeil qui l'accablait; mais, au lieu d'y céder et de prendre du repos, on le voyait prendre les brosses à cirer et se mettre à frotter le parquet du sanctuaire, jusqu'à se mettre en nage. Durant cette opération pénible, il ne cessait pas de prier. Ses oraisons jaculatoires étaient de tous les instants.

Il se livrait avec ardeur au travail manuel. Lors des terrassements qu'exigea l'installation de l'orphelinat à Vaugirard, il y travailla de toutes ses forces, ne cédant sa part à personne. Toutes les fois qu'il y avait une peine à prendre, quelque aide à donner, quelque fardeau à porter, il offrait ses services avec cet empressement généreux que sa pieuse sœur signalait déjà dans son enfance.

Ses mortifications corporelles ont été constatées bien des fois. Ses travaux auraient pu satisfaire, et au delà, au précepte de la pénitence chrétienne. Ils ne suffisaient pas à son amour. Plusieurs fois on le surprit mettant ou ôtant sa ceinture de fer. Il la portait chaque jour pendant ses repas et même au lit. Il prenait aussi souvent la discipline. Chaque matin, et durant les hivers les plus rigoureux, il lavait à l'eau froide et à grande eau sa tête et ses épaules.

Un jour le frère tailleur lui reprocha d'user dans ses courses continuelles deux fois plus de vêtements que les frères. Il crut devoir lui proposer de garnir ses pantalons de bandes de cuir.

« — Faites, mon ami, lui dit l'humble prêtre, ce sera plus conforme à la pauvreté religieuse; d'ailleurs cela glissera mieux et je marcherai encore plus vite. »

Cette sorte de raccommodage devait, ce semble, être fort incommode. Mais jamais l'abbé Planchat ne s'en plaignit.

A Sainte-Anne, il avait pour lit, dans les derniers temps, une simple paillasse et pour oreiller un vieux fond de chaise en velours, tellement usé que ses pauvres n'eussent pu en tirer parti et n'en auraient pas voulu.

Un jour, après une journée de courses, il monte en omnibus pour revenir à Vaugirard; au moment de payer, il s'aperçoit qu'il n'a plus rien dans sa bourse : il avait tout donné aux pauvres. Le conducteur voulait le faire descendre; mais lui, sans aucune gêne, demande humblement l'aumône de dix centimes à quelques dames qui se trouvaient dans l'omnibus.

A Grenelle les frères prenaient le dimanche leurs deux repas à des heures éloignées, à cause des services de l'œuvre. Cependant ils étaient autorisés, en cas de fatigue, à prendre au milieu du jour une collation comme celles que l'on distribuait aux apprentis. L'abbé Planchat tout entier à ses enfants, ou absorbé par le confessional, ne prenait guère que le repas du matin et bien rarement celui du soir à l'heure réglementaire. Il ne demandait jamais la collation du milieu du jour que pour la donner à un enfant du patronage, qui, par punition en avait été privé. Il restait ainsi depuis le matin jusqu'à dix heures du soir, absolument sans nourriture, quoiqu'il fût celui de tous qui, le dimanche surtout, travaillât le plus.

Presque toujours ses repas étaient interrompus par quelque visite.

— Monsieur Planchat, c'est pour M..., qui est malade. — Bien malade ? — Oui, monsieur. — Vite, allez chercher la boîte aux saintes huiles. — Mais vous n'avez pas pris votre soupe. — Mettez la chauffer sur le feu, je reviens dans un instant. Il revenait en effet, mais le soir, à huit heures, sans avoir rien pris depuis le matin qu'une moitié de tasse de café, ou la soupe à peine entamée.

Cependant l'abbé Planchat, de sa nature était fort mangeur. Son tempérament demandait une nourriture abondante. — Parti le matin de très-bonne heure, il ne prenait dans la journée qu'une tablette de chocolat et un petit pain, et le plus souvent aucune nourriture comme nous l'avons dit. Il lui fallait attendre l'heure du souper, et comme il était chargé de servir, il s'imaginait que ses frères avaient l'estomac aussi vide que le sien, et leur distribuait des portions doubles du nécessaire. On lui en faisait l'observation et il répondait gaiement.

— Oh ! pardon, vous avez raison ; mais je pensais que tout le monde avait aussi faim que moi...

Malgré tant d'occupations qui le sollicitaient à Charonne et dans les faubourgs voisins, si pauvres et si populeux, l'abbé Planchat, jusqu'au commencement de la guerre, avait dû continuer de demeurer à l'autre extrémité de Paris, à l'orphelinat de Vaugirard, maison mère des frères de Saint-Vincent de Paul. On comprend quel surcroît de fatigues et quelle gêne constante était pour l'ardent missionnaire cet éloignement considérable du foyer de ses travaux. Il a supporté pendant huit années cette situation à la fois pénible pour la nature et cruelle pour son zèle apostolique. Dans ces conditions, il conserva la régularité religieuse, pratiqua fidèlement l'obéissance et édifia sa communauté par son exactitude à s'excuser de ses retards, et par son attentive prévoyance à se munir des permissions les plus minutieuses auprès de ses supérieurs. Il déposait entre leurs mains tous les samedis le petit trésor de ses aumônes, se défiant de sa charité, et pour ne point s'exposer à donner contre l'obéissance pendant cette terrible journée du dimanche passée tout entière au milieu des pauvres et des enfants.

Là où son obéissance triomphait avec plus de mérite c'est dans sa soumission complète à toutes les entraves que ses supérieurs croyaient devoir opposer sans cesse aux inventions de son zèle et aux complications incroyables de son règlement de vie. Rien ne coûtait davantage à cette nature si prompte, si pleine d'initiative, Il parvenait pourtant à se vaincre et à subordonner avec une entière soumission à l'approbation de ses supérieurs ses démarches infinies, afin de leur mériter ainsi les grâces et le succès promis par l'Esprit-Saint : *vir obediens loquetur victorias.*

Son caractère vif et ardent l'exposait quelquefois à laisser échapper des paroles d'impatience, qu'il était le premier à regretter. Il se hâtait de s'en excuser et de demander pardon, fût-ce au plus jeune de ses frères, à un pauvre, à un enfant. On l'a vu se mettre à genoux au milieu de la salle de patronage, devant tout le monde, aux pieds de Monsieur le curé de Charonne, qu'il avait contristé, sans le vouloir, par excès de zèle. L'excellent pasteur, tout confus de l'humilité du saint, lui pardonna et ne l'en aima que davantage. Les actes de ce genre sont très-fréquents dans la vie de l'abbé Planchat.

« C'est surtout dans l'humilité qu'il a excellé, écrit sa sœur... et si je n'avais lu la notice, je n'aurais jamais cru qu'il eût fait tant de bien. Chacune de ses lettres, du reste fort rares et surtout très-courtes (une douzaine de lignes), renfermait toujours quelque phrase exprimant le mépris qu'il faisait de sa personne et de ses actions. « Prie bien pour moi qui ne fais rien qui vaille; je suis un lambin qui ne vient à bout de rien. »

« Une autre fois : Que je voudrais avoir ton zèle, mais je suis un grand paresseux.... Ou bien : Fais bien prier pour ton pauvre frère qui voit tant d'occasions de gagner des âmes, afin que sa maladresse ne les lui fasse pas perdre.... Ou encore une autre fois : Recommande bien aux prières de tes compagnes ton misérable frère, afin qu'il ne gâte pas l'œuvre du bon Dieu, et qu'il corresponde à ses desseins, etc.

« Ces paroles n'étaient pas chez lui de vaines formules, elles étaient l'expression de ses sentiments et non de quelques sentiments passagers, mais d'une intime et permanente conviction.

« M'épanchant un jour avec lui (il était encore au séminaire), je lui disais : « Oh ! que je serais heureuse d'avoir un frère Jésuite !... tu n'a pas envie de l'être, toi.

« — Que me dis-tu, reprit-il avec vivacité, Jésuite ! je ne suis pas digne d'entrer dans une telle Compagnie !... sais-tu que c'est une des plus illustres de l'Église... —

Et Lazariste, lui disais-je alors ? — Non plus, tout cela est trop haut pour moi. — Mais comment, lui disais-je, toi qui aimais tant à lire les travaux des missionnaires, les *Annales*, qui pleurais même parfois en voyant qu'ils n'avaient pas les secours nécessaires pour répondre à l'appel des pauvres sauvages, tu ne te sens pas l'envie, le désir, le besoin d'aller les seconder !

« — Ah ! me répondait-il alors en poussant un profond soupir, si comme moi tu avais parcouru la banlieue de Paris, si tu avais vu la profonde ignorance et toutes les misères morales de ce pauvre peuple, tu conviendrais que cela vaut bien la *Chine*, et que cette mission, pour être plus inconnue, plus ignorée du monde, n'en peut avoir moins de mérites devant Dieu.... Je trouve des enfants de 12, 14 ans et bien au-delà qui ne savent pas seulement qu'il y a un Dieu...et ils sont chrétiens du moins par le baptême.... Que dire de cette indifférence religieuse parmi la grande majorité de cette population !... Ils vivent en *païens* pour ne pas dire en bêtes....

« — Mais, ajoutais-je encore, tu n'as donc plus les mêmes sentiments qu'autrefois, lorsque lisant les actes des martyrs, et voyant tout ce qu'ils avaient souffert avec un courage si héroïque, tu me disais : « Ah ! qu'ils sont heureux ! que le bon Dieu les a bien récompensés de leurs peines, de leurs souffrances en leur accordant la grâce et la gloire du martyre !... que leur sort est digne d'envie ! » Si tu étais missionnaire, tu pourrais espérer un semblable bonheur.

« — Je n'en suis pas digne... tu n'y penses pas... Dieu choisit qui il veut, ce n'est pas à nous à choisir mais bien à nous abandonner à sa conduite, nous efforçant de ne pas nous écarter de la voie qu'il nous a tracée. Le martyre que le bon Dieu demande de moi, c'est celui de l'abnégation la plus absolue, m'oubliant moi-même et ne cherchant que son bon plaisir, coûte que coûte ;

c'est encore une obéissance aveugle et constante à toutes les intentions de mes supérieurs, sans même parler jamais, quand bien même je pourrais faire des prodiges selon les apparences; y renoncer plutôt que d'agir par volonté propre, voilà, ma bonne sœur, ce que je pense et ce que tu dois penser toi-même. Martyrisons notre volonté, nos désirs. »

« Aussi tout en restant à Paris, il a *été martyr*, Dieu voulant ainsi récompenser le sacrifice du désir qu'il en avait. Et ces paroles n'étaient pas vaines en lui; sa conduite en était l'expression fidèle. Tout à ses pauvres, il s'oubliait tellement que plusieurs personnes à mon dernier voyage, il y a cinq ans, me disaient : « Si « vous avez quelque ascendant sur lui, dites-lui donc « qu'il n'est pas permis de se *tuer* ainsi, il n'est pas « un *ange*, il ne doit pas tout à fait oublier son corps. »

« Et moi de répondre : « Comment en pourrais-je obtenir quelque chose là-dessus... à peine puis-je obtenir quelques minutes pour lui parler, moi qui suis venue de Constantinople; et encore, c'est de ses pauvres qu'il m'entretient. « C'est qu'en effet ce cher frère ne s'oubliait pas seulement lui-même, il oubliait tout rapport qui lui semblait futile même avec les personnes qui lui étaient véritablement chères...

« Moins mortifiée que lui, je murmurai bien souvent contre son excessive délicatesse qui me privait de la consolation de le voir, de l'entretenir; mais au fond je l'en estimais davantage et appréciais plus encore les courts instants qu'il accordait à mon importunité... C'est toute sa vie qu'il a agi ainsi... Dans sa prison où il semble qu'il eût dû avoir plus de loisir pour penser à sa famille et lui écrire, ne le voit-on pas réserver tout son papier pour ses pauvres et pour les relations qui leur devaient être favorables... S'il parle une ou deux fois de sa mère et de son frère, c'est pour leur recommander le payement de ses dettes aux fournisseurs des pauvres... Pour ses sœurs, pas un mot... non qu'il eût pu les oublier, son cœur était trop bon, mais parce que les sachant au service de Dieu, il ne voyait aucune *utilité* pour elles ni aucun profit pour ses pauvres, en leur écrivant. Quelle consolation pourtant ce m'eût été de recevoir et de garder quelques lignes tracées dans cette prison !... Je ne le méritais pas, je n'avais pas assez bien profité de ses exemples... Il faut que je me contente de garder précieusement la seule qui me reste de lui, datée du 28 février 1871, écrite sur le revers d'une petite feuille imprimée intitulée : *Quête pour l'assistance des jeunes ouvriers et le Patronage des Mobiles,* etc... Je la transcrirai mot à mot, car elle résume tout ce que je viens de dire : après Dieu, ses pauvres occupaient toutes ses pensées.

« Charonne, 27 février 1871.

« J. M. J. »

« Merci de tes étrennes de prières.

« Te serait-il possible d'y joindre des étrennes d'argent?

« Tu verras par les lignes imprimées ci-contre quels sont nos travaux et nos charges.

« Plus rien absolument à trouver ici.

« 2,000 fr. de dettes, dont 500 fr. pour notre nourriture au concierge (1).

« Je t'embrasse de cœur et prie pour toi et pour tes œuvres.

« L'abbé PLANCHAT. »

« Lorsqu'à mon voyage en 1867, je lui reprochais de me priver ainsi des détails de ses œuvres, il me répondait : « Voudrais-tu que je prisses sur le temps de mes catéchismes, ou de mes confessions, ou bien que je ren-

____

(1) Ces dettes furent ensuite payées.

voyasse quelque pauvre sans l'avoir satisfait, et cela pour te procurer le plaisir de lire des lettres écrites à tel prix? Moissonnons, moissonnons pendant la vie, et ne perdons rien d'un temps si précieux qui ne nous est donné que pour gagner le ciel et dont chaque moment peut augmenter nos mérites. » — Et comme une fois, mécontente de ce qu'il était resté près d'un an sans m'écrire, je lui disais : «Quand tu devrais prendre sur ton sommeil, il me semble que tu pourrais bien faire tous les deux mois ce sacrifice pour ta sœur; tu me demandes toujours des prières, paie-les moi par quelques lignes plus fréquentes... tu dis que tu es un lambin, je crois que tu dis vrai. »

«Je mérite tous tes reproches, me répond-il par la main d'un enfant qu'il avait improvisé secrétaire, je suis un paresseux et ne sais pas assez combiner mes affaires pour suffire à tout; tu me dis de prendre sur mon sommeil ; mais, bien chère sœur, il y a tant de choses que je suis obligé de remettre à la nuit, une correspondance urgente, des confessions prolongées jusqu'au matin pour faciliter à mes pauvres enfants (apprentis du dehors), le moyen de s'approcher des sacrements, que je dépasse trop souvent et forcément les permissions données; crois bien, chère sœur, que ce sont les seules raisons de la brièveté de mes lettres; devant le bon Dieu, je pense chaque jour à toi et prie pour tes œuvres comme pour les miennes. Mortifions-nous l'un et l'autre; le bon Maître que nous servons saura bien nous dédommager et notre réunion au ciel nous en sera encore plus douce, et en attendant, puisque nous sommes tous deux à Dieu, consacrons-lui et à nos pauvres tout le temps qui leur appartient. »

« Que répondre à de telles raisons? Me taire et tâcher de l'imiter était le parti le plus sage, je me résolus de le suivre.

« Maintenant qu'il est au ciel, je ne me gêne pas tant et m'adresse à lui dans tous mes embarras ; ma confiance n'est pas trompée, et je vois par expérience la vérité de cette parole : « La Charité demeurera et se perfectionnera au ciel où seulement elle pourra atteindre sa perfection... Oui, je le sens et l'ai senti en mille rencontres, la charité de mon cher frère est encore plus efficace au ciel... Il m'a été, depuis qu'il est près du Dieu de Charité, d'un secours immense... surtout dans les circonstances qui ont du rapport aux œuvres auxquelles il avait consacré sa vie. »

L'amour du salut des âmes rendait faciles à l'abbé Planchat les sacrifices les plus héroïques. La perte des âmes fut le martyre de sa vie. Les fatigues extrêmes que sa situation et l'obéissance lui imposaient ne lui étaient rien en comparaison de la douleur qu'il éprouvait de ne pas faire tout le bien qu'il aurait voulu. On en retrouve l'expression touchante dans les notes de ses dernières retraites.

« ...J'appartiens tout à Dieu. Donc il peut faire de moi tout ce qu'il veut ; donc, en l'état pénible de la division de ma vie, entre Charonne et Vaugirard, une profonde compassion, une prière habituelle pour les immenses besoins, qu'il me paraîtrait facile de mieux atteindre, un exposé périodique aux supérieurs d'une telle situation, voilà ce qui m'est permis, et non autre chose. La fidélité à mes résolutions, le renouvellement de mon âme dans l'esprit de sacrifice compenseraient avantageusement peut-être ce qui m'est retranché d'activité pour le salut des âmes délaissées et toutes prêtes à saisir la main que je voudrais leur tendre. Je prends en particulier la résolution d'offrir chaque fois à Dieu ces serrements de cœur que j'éprouve, ces larmes qui me viennent souvent aux yeux, quand je me sens lié, enchaîné uniquement par l'obéissance, au lieu d'avoir certaines libertés pour travailler dans le champ qui m'est montré, sans m'être ouvert...»

Ces paroles révèlent les douleurs intimes de ce cœur d'apôtre. Il ne pouvait souffrir l'idée d'un bien qui ne se faisait pas, ni d'un mal auquel il ne pouvait remédier, faute d'hommes, ou d'argent, ou de temps. Il s'ingéniait alors de mille manières pour suppléer au temps, aux hommes et aux ressources. Le jour était employé aux visites, la nuit aux écritures. Il improvisait secrétaires ses confrères, ses enfants, toutes les personnes qui lui tombaient sous la main. Alors il dictait d'innombrables circulaires, les unes pour obtenir des aumônes, les autres adressées aux pénitents ou pénitentes, aux ouvriers ou aux enfants qui lui semblaient déserter le confessionnal ou le Patronage. Il avouait un jour à l'un de ses confrères qu'il ne s'était pas couché depuis onze nuits. C'était au temps de Noël; une première communion nombreuse avait coïncidé forcément avec un appel envoyé aux personnes habituellement retenues le dimanche par le travail, et qui ne pouvaient jamais communier. Souvent ses forces physiques fléchissaient devant la vigueur d'un zèle en quelque sorte surhumain. L'abbé Planchat, parti vers huit heures du soir pour ce qu'il appelait ses tournées de malades, s'endormait parfois chez ses pauvres gens, qui respectaient cet épuisement de l'apôtre et ce repos obligé, que le bon Dieu envoyait à son serviteur.

Un si puissant déploiement d'efforts et d'activité extérieure ne faisait nullement négliger à l'abbé Planchat la prière et les moyens de la foi. Fidèle au principe de saint Ignace, il travaillait comme si le succès n'eût dépendu que de sa peine; il priait et faisait prier avec la même ardeur que si le succès n'eût dépendu que de

Dieu seul. Persuadé que sans une intime union avec Notre-Seigneur, ses labeurs demeureraient sans fruit, il s'appliquait intérieurement à calmer son imagination et à diriger toutes ses facultés, pour ne pas perdre la présence de Celui qui l'avertissait dans l'Évangile, que, sans Lui, il ne pouvait rien faire.

Dans ses visites, à l'imitation de saint Vincent de Paul, il honorait Notre-Seigneur dans la personne des enfants ou des pauvres avec lesquels il traitait ? « Contemplons les travaux du divin enfant Jésus adolescent, écrivait-il dans les notes d'une de ses retraites (1868). Dès ses premières années il ignore ce que c'est que ménager sa peine... Il n'avait que douze ans et voilà que Joseph sent ses forces diminuer ; l'inimitable modèle des bons fils prend sur lui le surcroît du travail... Joseph meurt, Jésus multiplie ses sueurs pour pourvoir, lui seul aux besoins de Marie. Ai-je assez pensé combien le pauvre petit enfant de fabrique, l'apprenti, le jeune ouvrier, le chef de la famille ouvrière me représentaient au vif Jésus-Christ dans les diverses phases de sa vie à Nazareth ? *Pauper sum et in laboribus a juventute mea...* »

Et dans une autre retraite qu'il fit avec le Père Olivaint, futur compagnon de sa captivité et de son martyre, il écrivait cette résolution, qui témoigne de la façon dont il sanctifiait toutes ses démarches, et combien la vie active, avec ses agitations et ses préoccupations impérieuses, ne préjudiciait en rien chez lui à la vie intérieure.

« ... En allant par les rues, à la recherche de mes pauvres apprentis, de mes pauvres enfants du catéchisme, je méditerai de temps en temps sur l'enfer, afin de travailler plus généreusement à les y arracher... »

Que l'on nous pardonne ces développements. L'intérieur des saints peut seul expliquer leurs prodiges. Si l'abbé Planchat n'avait eu qu'une activité de tempérament, ses forces n'eussent pu suffire pendant vingt ans à de tels labeurs. Son âme se retrempait sans cesse à la source éternelle de la charité, en Dieu même. C'est à ce foyer d'amour et de flamme que cette vie et cette mort s'éclairent.

V

L'ŒUVRE DE SAINTE-ANNE

Au commencement de l'année 1870, la maison du patronage Sainte-Anne était parvenue à l'état le plus florissant. Le nombre des apprentis et des jeunes ouvriers, formant sa famille habituelle, s'élevait à environ 400. Cinq cent quarante jeunes gens, empêchés de fréquenter l'OEuvre régulièrement, conservaient néanmoins avec elle des relations. Une première communion de 87 enfants et jeunes gens, de 12 à 22 ans, avait eu lieu le 14 avril. L'assistance des parents à cette solennité avait été plus nombreuse que de coutume. Le jour de Pâques, 340 enfants étaient réunis à la messe du matin. Quatre ecclésiastiques avaient dû venir dans la soirée du samedi saint pour venir en aide à l'aumônier.

A un autre point de vue, la maison Sainte-Anne s'était distinguée entre les autres Sociétés de Paris. La somme totale des dépôts faits à la caisse d'épargnes par ses membres était la plus considérable, malgré la pauvreté extrême du plus grand nombre d'entre eux. Elle témoignait des habitudes d'ordre et de prévoyance des jeunes patronés.

Mais le bien produit par le patronage ne se manifestait pas seulement à l'intérieur de l'Œuvre et parmi les jeunes gens et les enfants qui la fréquentaient. Autour de lui, dans les familles, l'abbé Planchat étendait sa sphère d'action par ses démarches et son zèle ardent. Nous avons cité quelques traits de son ministère apostolique durant son séjour à Grenelle. La mission pour ainsi dire permanente, qu'il faisait à Sainte-Anne dans les conditions que nous avons dites, c'est-à-dire par les visites à domicile auprès de chaque ménage, a suscité des traits édifiants dont nous allons citer quelques-uns. C'est l'apôtre qui les raconte lui-même dans les notes qu'il envoyait aux Sociétés ou aux personnes charitables pour en obtenir des secours nécessaires au soutien de ses Œuvres. Nous les citons textuellement sans craindre de fatiguer le lecteur. Il faut seulement se souvenir, en les lisant, que ces pages ont été dictées pendant la nuit, après les journées les plus fatigantes, et que bien souvent elles ont été envoyées sans avoir été relues.

« ....Le chef de la famille P. s'opposait à la première communion de ses enfants. Aujourd'hui, au lieu de cinq attardés, il n'en reste plus que deux. Etienne, âgé de 14 ans, et sa sœur Louise, âgée de 25 ans, ont fait ensemble leur première communion le 12 janvier. Emile, âgé de douze ans et demi, s'y prépare pour Pâques. Le père P., après de longues négociations, avait à grand'peine accordé la journée du jeudi pour la première communion d'Etienne. Quant à la retraite, il ne fallait pas y songer. Or, Etienne n'a manqué à aucun de ses exercices. Louise a été accompagnée à la sainte table par une juive sa compagne, baptisée le 8 à Sainte-Anne, et celle-ci m'annonce son frère pour Pâques. Le père est catholique; la mère israélite me semble aussi en voie de conversion; cette famille est au-dessus du besoin.»

« .... Un protestant, habitant depuis plusieurs années la paroisse Saint-Eloi, était visité par la Conférence de Saint-Vincent de Paul. Dans nos entretiens à l'occasion de la première communion de Guillaume son fils, madame M.... m'avait dit à plusieurs reprises: «Vous viendrez à bout de mon mari; c'est un brave homme qui a fait baptiser ses cinq enfants catholiques et qui est touché des soins donnés au patronage à son pauvre sourd. » M. M.... vint me voir. Il est sérieux, intelligent; je lui prêtai des livres. Il assista le 9 décembre à Sainte-Anne, avec une visible émotion, aux exercices de la première communion. Le vendredi 10, en faisant ma méditation, je me sentis inspiré d'aller chez lui. Je le trouvai couché. Je lui demandai s'il ne se décidait pas, enfin, à se ranger à la religion de toute sa famille. Pour éclairer sa décision, je mis en prière ses deux enfants. Il me promit de m'envoyer sa réponse avant midi. Le long du chemin, Guillaume que j'avais emmené, disait son chapelet pour son père. A la messe d'action de grâces, l'enfant fait la sainte communion à son intention. Avant midi m'arrive la réponse affirmative. L'affaire est réglée avec l'archevêché. Le soir, M. M... assiste à la retraite de confirmation; elle est suivie d'une conférence entre nous, qui se répète le dimanche matin. Son abjuration précède la messe de communion des confirmés. Il y communie avec son fils. Toute cette journée, comme il le disait en souriant, il reste prisonnier au patronage; à déjeuner, il est l'hôte de la communauté; à souper, celui du restaurant des jeunes ouvriers. Il y eut dragées et café pour tous

Debout depuis trente-six heures, M. M... en avait bien besoin. Grande était la joie de sa pauvre femme. Cette joie, le néophyte la partage et la conserve. Il a participé à la veillée de Noël, à la messe de minuit, à toutes les fêtes de Noël, avec son cher Guillaume. . »

« Dans les derniers jours d'octobre, je reçois d'une cellule de Mazas une lettre à peu près conçue en ces termes : « ..... Vous avez beaucoup pressé ma femme de faire ses devoirs à l'occasion de la première communion de son fils; c'est vrai qu'elle est bien en retard et que la première communion d'André serait une bonne occasion, puisque moi-même je viens de me mettre en règle, mais vous ne connaissez pas les têtes de Limousines. Ça ne se décide pas si facilement. Je vous en prie, laissez-la tranquille.... » Le brave homme ne connaissait pas la puissance de la charité sur une âme affligée : un bon père jésuite vint deux jours m'aider dans la réception des parents de la première communion. Le bon missionnaire ne lui dit que quelques mots, et la pauvre femme promit de venir à Vaugirard communier à la messe que je dirais pour son André. Le 30 octobre, elle arrivait à pied, à sept heures et quart du matin, du faubourg Saint-Antoine à l'orphelinat de Vaugirard. La messe était commencée, car elle s'était perdue en route. Elle se confesse et communie après la messe. Elle revint à la première communion de son fils et l'accompagna à la sainte Table. Le lendemain, je recevais de la grande Roquette une lettre de remercîments les plus affectueux. Le père d'André avait été condamné au minimum de la peine qu'il avait encourue; mais aussi la pauvre mère, outre le pèlerinage de Vaugirard, avait encore fait celui de Notre-Dame-des-Victoires....

« ..... A ces résultats de la première communion, je dois ajouter ceux de notre préparation à la fête de Noël en vue du jubilé. Dès le premier jour l'assistance était très-nombreuse. Plus de 300 invitations avaient été distribuées, en même temps qu'un opuscule instructif sur le jubilé. Six confesseurs avaient répondu à mon appel pour la nuit de Noël. La sainte communion a été donnée pendant 35 minutes par deux prêtres à la fois... »

« ... Parmi les jeunes gens des premières communions précédentes, convoqués, comme toujours, pour la fête de Noël, il en vint un qui s'était fait remarquer par un complet changement, suivi de la conversion de son père et de sa mère. Elle mourut et Félix se trouva livré à un frère aîné, contre lequel sa mère et le Patronage l'avaient jusque-là protégé. Replacer Félix, qui était parfaitement casé par nos soins, et l'enchaîner loin de nous fut, pour ce frère insensé, l'affaire de quelques jours. Les démarches et les instances réunies du directeur et de l'aumônier, tout fut impuissant à empêcher ce malheur. Mais la première communion avait laissé dans l'âme de Félix un souvenir inneffaçable. A la réception de notre invitation qui lui rappelait ce touchant anniversaire, Félix accourut, au sortir de son travail. Il était encore revêtu des vêtements de l'atelier; mais en allant s'habiller il eut éveillé des défiances et manqué son coup... »

« ... — Voyez, je vous ai amené maman, me disait le 24 décembre, à 10 heures du soir, le brave B... ramené, lui aussi, après six mois par ma circulaire. — Eh bien, ma bonne dame, vous êtes venue, n'est-ce pas, pour vous confesser ? — Oh ! je connais trop ma religion pour cela ; il faut être préparée et je ne le suis point ! — Tenez, allez donc dire deux mots au bon père jésuite qui confesse près de la porte, il vous indiquera la manière de vous bien confesser pour plus tard. — Mais vas-y donc, maman, ajouta notre bon enfant. — La mère obéit. Elle s'entretient un quart-d'heure avec le ministre de Dieu et, à la messe de minuit, elle communie. Deux jeunes filles qui l'avaient accompagnée, se confessent à son exemple, et communient à la messe suivante. Quant à elle, ce ne fut pas trop de quatre messes. Elle ne se décida à se retirer que lorsque tous les cierges de l'autel furent éteints... Quand B. reprit le bras de sa mère pour retourner à la Bastille, il me dit à l'oreille : « — Elle s'est bien fait prier maman ! aussi, elle n'y avait pas été depuis vingt ans.....! »

« .... — Quand allez-vous prendre votre tour, disais-je, dans la même nuit, à Mme C. — Hélas ! monsieur, il n'y a pas moyen. — Comment, vous, la mère de deux jeunes gens si bien élevés, vous ne seriez pas aussi chrétienne qu'eux. — Oh ! monsieur, nous souffrons le martyre, leur brave père et moi, depuis vingt ans au moins. Nous sommes mariés à la mairie seulement. Comment pouvons-nous nous y prendre pour que l'usine et nos grands garçons surtout, n'en sachent rien, si nous nous marions à l'église ? — Je me charge de tout arranger avec l'archevêché. — Eh bien, parlez-en au père qui est avec ses enfants dans la salle du patronage. — Je ne demande pas mieux, dit ce brave homme, si la chose peut se faire loin d'ici et en secret. » — Quelques jours après, dans une chapelle éloignée, le mariage fut célébré à ma messe. Les deux époux y communiaient. Il était près de midi ! »

« La première communion du 14 avril comptait 87 enfants et jeunes gens de 12 à 22 ans. L'assistance des parents à la messe fut plus nombreuse que jamais. Les trois-quarts des mères et bon nombre de frères et sœurs ont communié. Un brave Picard était venu la veille me demander ce qui manquait au juste, à l'habillement d'un pauvre petit cordier, son neveu. — Brave ami, lui dis-je, voilà deux fois en quatre mois que vous aurez habillé cet enfant, car vous l'avez déjà, pour le premier de l'andébarrassé de ses haillons. Un homme qui se dévoue ainsi à un pauvre enfant timide et lent d'esprit, le fait certainement par un sentiment que Dieu doit bénir; allez donc trouver le bon père qui confesse ici, et vous communierez demain avec votre petit protégé. — Mais c'est qu'à vrai dire, monsieur l'abbé... Il y a longtemps, mais n'importe, j'y vais!... Une demi-heure après je vois mon homme debout dans la chapelle. « — Que faites-vous là, mon brave ami ? — Je fais mon chemin de croix, Puis me prenant les mains et les larmes aux yeux : — Monsieur, je vous remercie! »

«... La première communion a donné entrée au Patronage au groupe d'une dizaine d'enfants de divers âges, employés dans une petite verrerie du quartier. Les premiers communiants ont amené leurs camarades plus âgés. Durant la retraite, ces courageux enfants ont dû borner leur sommeil à trois ou quatre heures à peine. — Le Père L., de l'Oratoire, qui les confesse, s'occupe de diminuer pour eux les ardeurs de la fournaise, en leur procurant des lunettes et des masques de bois qu'il leur fait confectionner.

« .... Jamais la retraite de Pâques au Patronage n'avaient été aussi suivie, On en peut juger par les 18 à 1,900 petits livres qui ont été distribués pendant six jours au contrôle, en guise de jetons de présence, Aussi le jour de Pâques, 340 patronés, au moins, étaient réunis à la messe du matin, et plus de 500 hosties ont été consommées tant le dimanche que le lundi. Quatre prêtres d'un admirable zèle, venus tous du faubourg Saint-Germain, avaient aidé dans sa tâche le pauvre aumônier de Sainte-Anne... »

« ... Quatre ou cinq enfants reçoivent chaque semaine à Sainte-Anne *un pain d'école*. — Cette petite rente a permis de maintenir en classe ces pauvres enfants, que leurs familles nécessiteuses étaient sur le point d'envoyer en fabrique. Ouvrez le livre d'inscription : au dessus de plusieurs noms d'enfants, au lieu des adresses de leurs familles, vous verrez cette inscription « *protégé par Sainte-Anne* » En effet, Sainte-Anne est la maison du pauvre petit abandonné. S'il n'y trouve pas encore un logement, il y reçoit au moins la nourriture, l'entretien et les bonnes caresses qu'il ne reçoit plus dans la famille... »

Ce tableau de la maison Sainte-Anne et des travaux de l'abbé Planchat avant le siége, seront complétés par l'extrait d'une lettre d'un père jésuite, qu'il était parvenu, à force de prière et d'instance auprès de ses supérieurs, à associer à son apostolat. Le P. d'Aage a écrit sous l'impression de la mort du martyr les pages suivantes, qu'il n'a peut-être pas relues, mais qui, à coup sûr, respirent la véritable éloquence, celle du cœur :

« ... C'est en 1866 que la Providence me mit en relation avec le bon père pour prêcher la retraite pascale à Sainte-Anne. Mes supérieurs me désignèrent et, dès lors, il me fut donné de me rencontrer fréquemment avec lui. Dès le premier abord, sa charmante simplicité, sa modeste cordialité, son zèle infatigable m'attachèrent de cœur à lui, à ses œuvres. Je dis à dessein « ses œuvres. » En effet, à mon entrée à Sainte-Anne, je croyais n'avoir affaire qu'à des jeunes gens ou à des enfants de patronage ; mais l'action de son zélé directeur allait bien au delà. Secours prodigieux aux indigents du quartier, visites des malades abandonnés, et, surtout, recherche des enfants n'ayant pas fait leur première communion, parfois n'ayant pas même reçu le baptême, remplissaient la vie de l'abbé Planchat. Le semaine était consacrée par le bon père à toutes ces démarches ; et le samedi soir, il venait s'installer à Sainte-Anne pour la journée du dimanche. Oh! qu'il était heureux, ce jour-là, quand les enfants du Patronage, les grands surtout, avaient répondu à ses appels fréquents pour la communion. Le dimanche était le jour des grandes fatigues. Depuis le matin, cinq heures et demie, parfois quatre heures, jusqu'au soir, neuf et dix heures (quelquefois minuit), on ne le voyait assis que quelques instants, et nous devions lui faire violence pour le retenir au repas du soir, ce que nous n'aurions pu, si, à cette heure, le Patronage n'eût point été vide. Pendant cette journée, il était tout entier aux confessions d'enfants, de pauvres, aux consolations et conseils à ses chers ouvriers, aux relations de charité avec les parents, aux catéchismes, instructions, avis, distribution des aumônes recueillies durant la semaine. En un mot, le père ne s'appartenait plus. Trois fois par an, il faisait faire la première communion à un grand nombre de pauvres enfants des quartiers voisins de Charonne. Il employait quelques jeunes gens du Patronage à le seconder pour apprendre le catéchisme, et stimulait le zèle des retardataires, des moins intelligents, par tous les moyens que sa charité savait inventer ; le plus efficace, peut-être, était la vente d'objets utiles, dont l'enfant fait acquisition avec les bons points. Cette vente était le fruit des courses longues et pénibles, qui ne lui coûtaient pas plus que les rebuts, les duretés même, qui lui en revenaient quelquefois. Il avait établi dans le Patronage une congrégation des plus ferventes, et c'était une grande édification de le voir au milieu de ses enfants, les formant avec suavité aux exercice de la piété, et tout simplement, comme il savait accomplir les plus grandes choses, faire sa petite accusation pour l'omission de telle ou telle pratique.

« Je reviens à la retraite de Pâques. Ayant ses enfants sous la main, il cherchait à grouper autour d'eux leurs parents, leurs amis, et n'était satisfait que lorsque de vieux retardataires venaient, par leur présence, augmenter la joie du festin sacré. Aussi le sanctuaire était réservé pour eux, et cet exemple devait avoir une grande influence sur les jeunes gens. C'est pour répondre à cette extension du bien que la grande chapelle fut construite, et je n'en doute pas, elle n'est pas trop grande. D'ailleurs, cette action de son zèle agissait sur le quartier, et plusieurs fois j'ai entendu faire l'éloge du bon père, dans ces rues qu'il a traversées pour aller au martyre. Un trait caractéristique de l'abbé Planchat, c'est le désintéressement le plus noble des âmes. Directeur de l'œuvre, ayant vu grandir sous son apostolat cette jeunesse si vive, si affectueuse, il mettait une délicatesse pleine de suavité, à porter ses enfants vers les collaborateurs qu'il appelait. — Allez trouver le bon père, disait-il, il vous fera du bien. Il usait d'industrie pour ouvrir la confiance dans cette voie. Aussi le ministère était bien facile à Saint-Anne, la besogne venant de suite, avec le charme d'une confiance entière. Ce trait mérite mention spéciale. Le bon père trouvait toujours du travail pour les prêtres qu'il appelait à Saint-Anne; et, il faut le dire, comprenant parfaitement ce qu'est le ministère des âmes, plus il avait d'ouvriers avec lui, plus il était content, sachant qu'il y aurait plus ample moisson. Cet humble désintéressement le portait à offrir sa chambre et la place la plus commode à ceux qu'il appelait, prenant pour lui le lieu où l'on était le moins à l'aise. Avec quel cœur il remerciait du peu que l'on avait fait, avec quelle instance il nous pressait de revenir ! De fait je me serais mis en quatre pour lui venir en aide, et quand mes occupations me permettaient de gagner Sainte-Anne, la distance ne me coûtait pas. D'ailleurs sa charité lui a souvent inspiré d'aller quêter pour procurer une voiture, qu'il voyait avec peine refuser par délicatesse.

C'était alors qu'il s'ingéniait pour vous surprendre.

« Grâce à tant d'œuvres, le bon père se trouvait en rapport avec MM. les curés, dont il respectait avec un soin jaloux tous les droits. Le digne pasteur de Charonne, auquel il me présenta, l'aimait avec vénération, le plaisantait agréablement de son zèle envahissant ; mais il était heureux, comme ses confrères, de l'utile auxiliaire envoyé par la Providence. M. Planchat me racontait avec une sainte joie la réponse de M. Langénieux, alors curé de Saint-Ambroise. — Oh ! mon bon père, faites dans ma paroisse tout le bien que vous pourrez, car nous ne serons jamais assez pour cultiver des champs si vastes !

« Parfois il y eut des malentendus, des plaintes, des reproches. Jamais il ne s'en plaignait, et les contradictions n'étaient connues que par d'autres. Pour lui, il attendait une nouvelle occasion ; et, respectueusement, humblement, tentait de nouveau le bien que son zèle lui faisait entrevoir comme nécessaire.

« J'ai déjà indiqué quelques traits de son humilité, dans ses rapports avec ses collaborateurs. Elle était l'âme de toutes ses vertus, de toutes ses œuvres. C'était humblement qu'il sollicitait, auprès de qui de droit, la permission de faire le bien. Avide des observations et des critiques, il avait la vraie simplicité de donner modestement les avis qu'on lui demandait. Dans une circonstance qu'il est inutile de raconter ici, je fus témoin de la facilité que l'habitude de l'humilité, du renoncement à lui-même, lui avait donnée pour supporter la contradiction, alors même qu'il en voyait parfaitement le ridicule. Mais il passait outre gaiement, et je doute que celui qui la lui avait causée, se doutât que le bon père en ait ressenti l'amertume. J'ai dit le mot gaiement, il peint le caractère de l'abbé Planchat. Sa belle âme s'épanouissait dans son regard, dans son sourire, dans tout son air dégagé, que d'affreuses migraines ne bouleversaient jamais, tant qu'il était à la besogne.

« En parlant de ce bon père, les mots d'œuvres, de travail, de besogne, viennent à chaque instant; c'est qu'en effet sa dévorante activité le réclame. Et, cependant, il faut ajouter un trait caractéristique de cette activité. Être actif aux œuvres du ministère peut tenir au tempérament; mais l'être avec humilité, en ne perdant rien de l'esprit de piété, c'est le privilége unique de l'apostolat surnaturel. Or, le zèle de M. Planchat n'avait pas tari la source de la tendre et solide dévotion. Lui, si agité extérieurement, si tiraillé par les multiples détails de sa vie à Sainte-Anne et au dehors, retrouvait au pied du Saint-Sacrement, à l'instant même, la facilité des rapports intimes avec Notre-Seigneur et la sainte Vierge. Il y avait même une certaine naïveté d'expansion, qui ne choquait pas, parce qu'elle était, comme tout en lui, d'un naturel exquis. Jamais ce naturel ne m'a plus touché qu'au jour d'une de ces premières communions, à la préparation de laquelle il m'avait employé. Je vois d'ici la sacristie envahie par les enfants et les parents, tous rayonnant de joie, comme le sont les pauvres Parisiens quand on a pu les arracher à certains milieux, où se tournent vers le mal leurs qualités si faciles à utiliser pour le bien. Le bon père était là, vraiment, au milieu d'une famille, puisqu'il avait vêtu presque tous ces enfants et secouru leurs parents. Mme Planchat, associée aux œuvres de son vénérable fils, comme elle le fut aux douleurs de sa captivité, mettait, par sa présence, le sceau de la vie de famille à cette réunion. Ce spectacle avait une simplicité chrétienne pleine de grandeur; c'était la réalisation naturelle de la grande loi de l'apôtre : *Unum corpus sumus....* »

PENDANT LE SIÉGE.

Lorsque la guerre avec l'Allemagne vint à éclater, le patronage Sainte-Anne, comme toutes les œuvres de ce genre, fut fortement ébranlé. Les grands jeunes gens, modèles des autres par leurs bons exemples, furent appelés sous les drapeaux. Pour les plus jeunes, le travail se ralentit, et finit par cesser complétement. L'oisiveté, et tous les dangers qui lui font cortége, allait fondre sur toute cette bonne jeunesse, préservée jusqu'alors, à force de soins et de sollicitude. Les privations les plus pénibles, par suite du siége, vinrent s'ajouter à la misère ordinaire de ce malheureux peuple des faubourgs. Les funestes habitudes, prises à la garde des remparts, vont achever de le démoraliser. Les trente sous du garde national arrivent bien rarement intacts à la ménagère, pour pouvoir à la subsistance de la famille, qui n'a plus d'autres ressources. En présence de cette accumulation de maux, le courage et la charité de l'abbé Planchat ne défaillent pas. Rien ne l'épouvante. Il a confiance que Dieu aura pitié de ce peuple, et que tant d'épreuves faciliteront son retour vers lui. Il **a** enfin obtenu de ses supérieurs de fixer sa résidence à Charonne. Il pourra donc, maintenant, disposer de tout son temps, et se vouer tout entier au soulagement des misères qui l'environnent. Dans ce Paris déserté, investi, ruiné, affamé, il trouve moyen en quelques mois de récolter plus de vingt mille francs d'aumônes. Tandis qu'à prix d'argent, on ne pourra se procurer nulle part une alimentation suffisante, il tient table ouverte à Sainte-Anne et nourrit, pour ainsi dire, tous ceux qui s'y présentent. Une grande partie des enfants du patronage y vont prendre leurs repas. Il secourt aussi leurs familles. Il ne restreint pas à la sphère du patronage, déjà fort étendue, la distribution de ses aumônes. Il ne se contente pas de soulager les misères qui viennent le solliciter. Il va au-devant d'elles, et multiplie encore ses visites. Il parcourt les rues tortueuses, les passages ignorés; et au fond des masures les plus misérables, va découvrir les misères morales et physiques vraiment incroyables qui s'y réfugient. Il ne s'inquiète pas du redoublement de haine contre le clergé, qui va grandissant et éclate partout, soit dans les feuilles populaires, soit dans les réunions publiques. De même qu'il entreprend de multiplier les assistances aux pauvres, dans un temps où les ressources manquent à toutes les œuvres et à tout le monde, il donne un nouvel essor à son zèle apostolique. La chapelle Sainte-Anne est transformée en mission permanente. Il court chercher par les rues, les enfants, les ouvriers, les mobiles, et les convoque à des messes, à des communions et à des instructions quotidiennes. A moins de prêcher sur les places publiques, l'abbé Planchat n'a négligé aucun des moyens, employés par les saints, pour convertir les âmes. Sans penser même aux obstacles, ni essayer de les tourner, bravant tout respect humain, et tout danger, ne voyant que les âmes, ne cherchant que la gloire de Dieu, il appelle à Sainte-Anne amis et ennemis. Et pour venir à bout de ces labeurs presque surhumains, il s'associe quatorze prêtres, qu'il initie à tous les secrets de son étrange ministère, s'oubliant, se sacrifiant et s'effaçant toujours devant eux !

Aussi Dieu a-t-il béni ce zèle si pur, ce dévouement si généreux par des grâces qui touchent au miracle. Tandis que toutes les œuvres analogues à la sienne, souffraient et dépérissaient, quoique dans des conditions beaucoup plus favorables, la maison Sainte-Anne, pendant le siége et pendant la Commune, a maintenu le chiffre de ses membres assidus égal à celui des époques les plus prospères.

Elle est ouverte tous les jours comme le dimanche, et depuis le commencement de la guerre elle préserve de l'oisiveté et du vagabondage de la rue 130 à 150 enfants et jeunes gens qu'elle nourrit chaque jour.

Il n'y a pas de matinée où l'on ne compte, au moins six communions d'enfants du patronage, sans parler de celles des parents, la plupart retardataires.

Mobiles et gardes nationaux parviennent à se faire dispenser de leurs services, pour assister en bon nombre aux messes de la chapelle Sainte-Anne, dans les jours de semaine.

Le catéchisme de la première communion augmente en nombre, au lieu de décroître. Cent vingt-cinq premières communions ont eu lieu le 25 décembre 1870, et dans le nombre des communiants, on compte quatre personnes de quarante à cinquante ans, quinze de quatorze à vingt ans. La retraite préparatoire, y compris les renouvelants, a réuni chaque jour cent soixante-dix personnes.

Mais rien de ce que nous avons dit jusqu'ici, ne saurait être comparé à ce qu'il a fait en faveur des mobiles de la province. On a conservé les notes qu'il envoyait aux divers comités catholiques de secours à l'appui de ces demandes de subsides. Elles contiennent les détails les plus intéressants sur cette œuvre improvisée. Des régiments entiers de mobiles, appartenant pour la plupart aux meilleures parties de la Bretagne, campaient sur les boulevards, dans des barraques en planches, où ils ne pouvaient guère séjourner que la nuit. Le jour, entre les exercices, ils erraient désœuvrés, ou stationnaient dans les cabarets, exposés aux plus graves dangers. Offrir à ces braves enfants l'asile tutélaire de Sainte-Anne, les attirer dans sa chapelle et les engager à user de son ministère, durant les courts instants de repos qui leur sont accordés avant d'aller au feu, enflamma bien vite le zèle de l'abbé Planchat. Autorisé par ses supérieurs, il se met aussitôt en relations avec les chefs de corps, et obtient facilement leur autorisation. Maison, jardin, gymnase et chapelle, sont mis à la disposition des nombreux régiments qui se succèdent pendant le siége, dans les baraquements de Charonne et de la Bastille. Les réunions commencent le 28 septembre. Au 18 octobre, quatre mille pauvres mobiles avaient déjà trouvé à Sainte-Anne un asile contre des dangers de toutes sortes, et les consolations que ces cœurs fortement chrétiens avaient été heureux de trouver dans le dévouement du saint prêtre. Plus de trois mille confessions, plus de deux mille six cents communions ont eu lieu à Saint-Anne pendant le siége, sans parler des messes militaires que l'abbé Planchat avait organisées à l'église paroissiale de Charonne, d'accord avec l'excellent clergé de cette paroisse. Qu'on juge de l'étonnement de la population de ces quartiers, en voyant défiler le dimanche, se rendant à l'église, par masses inégales, 600 à 800 mobiles bretons à la fois, avec leurs chefs en tête.

Le 19 octobre, 350 mobiles assistent à la réunion,

dans la chapelle, après laquelle les prêtres venus en aide à l'abbé Planchat entendent cent confessions.

Le 20 octobre, cinq communions, cinquante-cinq confessions. A la réunion assistent 700 hommes des mobiles de l'Aube.

Le 25 octobre, au service pour le comte de Dampierre, 800 mobiles sont présents, avec tout l'état-major.

Le mouvement des troupes, nécessité par la défense, envoie les mobiles hors Paris. Les réunions cessent donc vers la fin d'octobre, et reprennent à la fin de novembre, avec les bataillons de Saône-et-Loire, pour cesser définitivement avec la grande sortie du 30, à Champigny.

Quelles que fussent la foi et la bonne volonté de ces jeunes soldats, si récemment enlevés à la calme existence du village et du foyer de famille, elles ne suffisent pas pour expliquer un mouvement religieux si prononcé. Il est évident qu'il était dû en grande partie au zèle entraînant de l'abbé Planchat. Muni d'un laissez-passer des commandants, il parcourait deux fois par jour les baraques. Le matin, pendant l'exercice, il emmenait avec lui pour les réchauffer et les réconforter, les soldats indisposés qui n'avaient pu suivre les autres. Le patronage devenait leur asile de convalescence, comme une petite ambulance maternelle improvisée, où le pauvre jeune soldat passait trois ou quatre jours de repos, qui lui épargnaient souvent une grosse maladie. Quant aux simples bobos, rhumes, maux de dents, etc., on les gardait seulement pendant un jour au chauffoir, qui n'était autre que la chambre même du charitable prêtre. La seconde visite aux baraques se faisait dans l'après-midi, aux bien portants. A ceux-là l'abbé Planchat offrait l'appât des salles de jeu du patronage, et d'un verre de bière de bienvenue. Ceux-ci ne résistaient pas plus que les autres ; et, par trois cents à la fois, se mettaient à la suite de l'abbé Planchat jusqu'à la rue des Bois. Des salles de jeux on passait à la chapelle. A chacun on faisait don d'un manuel du soldat (il en a distribué près de 4,000). On chantait des cantiques. On entendait un petit sermon et ensuite, se confessait qui voulait, et en si grand nombre, que c'est par milliers qu'il faut compter les confessions entendues. Les premiers venus faisaient la propagande auprès des autres et le lendemain la réunion était doublée.

Nous venons de voir l'abbé Planchat se multipliant pour adoucir les souffrances du pauvre mobile, et lui procurer les consolations spirituelles, plus désirées par lui bien souvent. Nous ne serons pas surpris de voir notre apôtre s'éloigner parfois de Sainte-Anne, et courir sur les champs de bataille des combats sous Paris. Voici le récit des deux expéditions faites aux avant-postes, par les plus froides nuits de cet hiver exceptionnellement rigoureux. L'abbé Planchat, aumônier militaire, est le dernier trait qui manquait à ce type d'abnégation. Il achèvera de confondre les misérables qui, pour excuser leur crime, accusaient le prêtre d'indifférence aux douleurs de la patrie, comme d'antagonisme aux intérêts populaires. Nous avons vu comment l'abbé Planchat aimait le peuple. Voyons-le donc auprès du soldat :

« La canonnade inouïe du 30 novembre au 1er décembre (1), si voisine de Ste-Anne, n'avait pu suspendre les travaux de préparation de notre première communion du quinze. Mais pouvions-nous aller prendre notre repos, en pensant aux nombreux blessés que les dernières heures du combat avaient dû laisser sans secours, par suite de l'obscurité de la nuit ? On avait déjà amené

(1) Combat de Champigny.

quelques blessés à notre ambulance. On nous disait que d'autres étaient encore en dépôt à la porte de Montreuil. Nous nous y rendons vers dix heures du soir: deux docteurs, deux infirmiers, l'abbé X. et l'aumônier de Sainte-Anne.

» A la porte de Montreuil, rien ; à celle de Vincennes, le capitaine, commandant le poste de la garde nationale, s'empresse de mettre à notre disposition les voitures par lui requises. Deux fiacres et un omnibus sont dirigés vers le rond-point de Plaisance, lieu de première évacuation des blessés.

« Dans le château de ce nom nous trouvons plusieurs blessés, mais tous pansés et sur le point de partir par les soins de la Société Internationale de Secours ; tous confessés, sauf quatre, qu'extrémise l'abbé X.

« — Allez, nous dit-on, chez Dominique, marchand de vin, plus bas, près de la rivière, il y a dix-sept bles_ sés en grande détresse.

« Nous trouvons, en effet, dans deux pièces du rez-de-chaussée, ouvertes à la bise, et dans une petite salle au-dessus, à peu près le nombre indiqué de malheureux, presque tous blessés mortellement et gisants sur la paille.

« — Soyez le bienvenu, dit à l'un de nous, le médecin du fort de Nogent, accouru jusque-là ; sans vous, je n'en sortais point, et, d'ailleurs, mon corps me réclame.

« Nous voici donc tous à l'œuvre.

« Un seul blessé, déjà pansé, disparaît avant que l'abbé X. ait pu l'entretenir. Tous les autres, avant leur transport en voitures, sont confessés par l'abbé X. et par moi. Nous avions heureusement emporté les saintes-huiles. Ici commence la série des faits touchants de nos nocturnes expéditions :

« J'avais passé la médaille au cou d'un soldat agonisant ; une balle lui était entrée dans le ventre ; l'hémorragie s'était faite à l'intérieur. Le pauvre enfant avait affectueusement baisé la médaille et embrassé mon grand crucifix. La confession commençait.

— Mais, me dit-il, je suis de Besançon, c'est vrai, mais je suis protestant ?

— Qu'est-ce que cela fait ? Acceptez les consolations du prêtre catholique; vous n'avez pas de ministre ici. Demandez pardon au bon Dieu de vos péchés, et en particulier, d'avoir suivi une fausse religion, car vous pouvez bien vous être trompé....

« Le temps pressait pour d'autres, j'ajoutai peu de paroles. Le baptême me paraissait certain, vu le lieu de naissance du mourant. Je lui fis de nouveau baiser médaille et crucifix. Je lui donnai l'absolution. Il a dû mourir peu de temps après. J'ai tout espoir pour son salut.

« Notre tâche terminée chez Dominique, on nous indique, dans une petite avenue, où parquaient des chevaux d'artillerie, une maison de blessés dont deux étaient déjà morts.

« Sur le chemin, nous rencontrons l'aumônier du fort de Nogent :

« — Vous y allez ? Merci ! Voilà trois nuits que je n'ai presque pas dormi, deux jours que je vis sans bréviaire et sans messe; indiquez-moi l'office de ce matin..... ? Merci, je vais prier pour vous.

« Le spectacle était plus navrant encore *aux Acacias* que chez Dominique, l'entassement plus affreux, l'agonie plus prononcée...

« De chez Dominique nous avions apporté deux bouteilles de vin, car plusieurs blessés nous avaient dit :

« — Gardez-les pour de plus souffrants.

« Nous pûmes donc étancher la soif de plusieurs.

« Nul n'était en si triste état qu'un pauvre blessé, que l'aumônier de Sainte-Anne dut, avec un planton de la garde nationale, un médecin et un tailleur, aider à monter jusqu'au brancard. Baigné dans son sang par la fracture des deux cuisses, ce corps athlétique sacra de son noble sang le brassard à peine inauguré du prêtre, qui venait de laver cette belle âme dans le sang de Jésus-Christ !

« A côté de ce malheureux gisait un jeune Bordelais.

« — Avez-vous une médaille ?

« — Voyez plutôt cette chaîne ; ma mère et ma sœur en ont donné les deux médailles. Oh ! j'allais souvent à Notre-Dame-de-Verdelais.

« Il se trouva qu'un soldat, voisin du Bordelais, fut confessé deux fois, avant l'extrême-onction, par moi ; après, par M. l'abbé X. Ils étaient si heureux, ces pauvres enfants, de voir le prêtre et encore le prêtre !

« Après l'avenue des Acacias, nous parcourûmes une route qui, à travers les bivouacs, avançait vers la Marne.

« Nous eussions bien voulu franchir la rivière, car nous le pressentions trop, un terrible combat prolongé dans les ténèbres, avait dû laisser bien des blessés en proie à leurs souffrances et à la gelée de cette triste nuit.

« Les trains de notre artillerie encombraient le pont de bateaux, et, derrière les caissons qui passaient l'eau, on entrevoyait de longues files prêtes à les suivre.

« — Nous perdons notre temps ici, disent nos médecins : on nous parle de nombreux blessés entassés à Fontenay ; allons-y de suite.

« Trois omnibus et deux fiacres, arrêtés dans le voisinage, sont requis, et nous partons.

« Vaguement renseignés par un vieux couple qui, au retentissement des omnibus dans le village désert, s'était mis à la fenêtre, nous trouvons enfin l'ambulance improvisée dans le local de la pension M.

« Au premier coup d'œil jeté sur la situation :

« — Ces hommes, disent nos médecins, sont gravement blessés; leur transfert à Saint-Antoine est urgent.

« Et avec le plus louable empressement, secondé par l'officier de marine que l'abbé X. avait reconnu pour son compagnon de mer, ainsi que par plusieurs gardes nationaux du pays, nos médecins achèvent et complètent les pansements en vue du voyage à Paris.

« Nous abordâmes, nous, le traitement des âmes :

« — De quel pays êtes-vous ?

« — De l'Aube, me dit un blessé.

« — Êtes-vous mobile ?

« — Non, c'est mon fils; moi, j'ai cinquante-deux ans.

« — Vous souffrez bien ?

« — Oh ! oui, je suis cruellement atteint; mais que je suis content de voir un prêtre ! car il y a longtemps que je ne me suis confessé. J'appartiens à une excellente famille, et j'ai fait une bonne première communion.

« Et il se confesse, et reçoit l'extrême-onction dans des sentiments admirables.

« J'aidai à le transporter dans l'omnibus.

« Alternativement, l'abbé X. et moi, soutenions sa tête, lui donnant une gorgée d'eau à boire.

« Durant cette interminable étape au pas, de Fontenay à l'hospice Saint-Antoine, une douillette se joint à l'insuffisante couverture de l'ambulance. Un garde national se tenait constamment debout sur le marche-pied pour diminuer le courant d'air glacé, qui pénétrait dans la voiture.

« — Jésus! Marie! Joseph! disait de temps en temps le blessé.

« A la porte de Vincennes cet omnibus, qui s'avançait avec la lenteur d'un corbillard, reçoit le salut militaire.

« A l'entrée à Saint-Antoine, ce fut émulation d'empressement, de la part des sœurs, pour présenter au

blessé le vin chaud, qu'hélas! il rejeta quelques instants après.

« L'abbé X. eut sa large part de consolation, dans la
visite de l'ambulance de Fontenay. Un jeune soldat du
Périgord accueillit son ministère avec empressement, et
ne cessait ensuite de lui répéter :

« — Que je voudrais donc voir, avant de mourir, le
bon curé qui m'a fait faire ma première communion !

« J'offris à ce brave soldat un chapelet.

« — Où est la croix ? me dit-il, que je la baise.

« Sur les vingt-cinq blessés environ, que contenait
l'ambulance, vingt au moins furent confessés ou extré-
misés : le reste fut enlevé rapidement pour l'hôpital
Saint-Antoine.

Nuit du 2 au 3 décembre.

« .... Ayant d'avance organisé le mieux possible nos
préparatifs, depuis la provision de sucre et de rhum,
jusqu'à la réquisition des voitures, nous comptions sur
une abondante moisson.

« Cependant, arrivés au pont de Joinville, à 9 heures
du soir, nous trouvons là, agglomérées, une immense
file de voitures abandonnées comme inutiles.

« Le combat, nous dit-on, a, cette fois, fini de bonne
heure, et tous les blessés ont pu être enlevés. Si vous
tenez absolument à en voir, il en reste à Champigny
quelques-uns que l'on s'occupe d'évacuer.

« Arrivés à la bifurcation de la Grande Rue de Champigny avec la route de Villiers, nos médecins s'informent
des blessés qu'on leur a indiqués tout à l'heure.

« — Ils sont pansés ; la voiture qui file devant vous
va charger les derniers, crie à nos médecins un poste
de brancardiers de la Société internationale de secours.

« — Allons à Bry, disent les docteurs.

« En passant par le bois de Plant, nous vîmes des carrières à excavations, nombreuses et abritées par des taillis. Chacun de ces trous renfermait un bivouac. C'étaient nos braves soldats qui, en mangeant, se réchauffaient comme ils pouvaient.

« Si nous eussions perdu tout espoir de trouver des blessés, nous nous serions fait une joie d'aller visiter ces groupes.

« A quelques pas d'une barricade, nous apercevons dans le bois, au ras de la route, un képi et un uniforme couverts d'un peu de paille. Nous levons le képi, et notre main touche le front glacé d'un brave mort à son poste.

« A la traversée du chemin de fer de Mulhouse, en vue du plateau de Cailly, nous heurtâmes plusieurs squelettes de chevaux tués le jour même, et si habilement dépécé par les combattants affamés, qu'on les aurait cru livrés au scalpel de l'amphithéâtre.

« Enfin, nous descendons à Bry-sur-Marne.

« Là, plus qu'ailleurs, on voit les traces d'une lutte récente : des cadavres encore chauds, d'hommes et de chevaux gisants côte à côte au bas des vignes ; portes de granges taillées à jour par les boulets ; barricades en démolition ; et, toujours, pas de blessés.

« Un capitaine de zouaves, que nous questionnons, nous dit :

« — Il doit y avoir encore des blessés tout près des avant-postes prussiens ; si vous voulez y aller, c'est votre affaire ; sachez seulement que les Prussiens tirent sur les ambulances.

« Pendant que nos docteurs se consultent, l'abbé X. avise un zouave qui se promenait pensif sur la place du village. Quelque temps après l'abbé me rejoint et me dit :

« — Je n'ai pas perdu ma nuit, j'ai confessé un soldat.

« Stimulé par cet exemple, je m'approche d'un

groupe, qui venait à notre rencontre sur la route de Bry à la Marne.

« J'en détache un individu, envoyant les deux autres à l'abbé X.

« — Vous êtes du Midi, mon ami, dis-je à mon prisonnier ?

« — Oui, des environs de Tarbes,

« — Alors vous connaissez Notre-Dame de Lourdes ?

« — Oui,

« — Mais quelle était votre occupation avant la guerre ?

« — Oh ! j'étais à Paris depuis un certain temps.

« — Et que faisiez-vous ?

« — J'étais professeur au lycée.***

« — Et de quelle classe ?

« — De toutes, j'étais professeur suppléant.

« — Licencié ès-lettres ?

« — Ah ! j'ai travaillé pour cela. Je n'ai pas eu le courage d'aller jusqu'au bout. Du moins, cela m'a servi pour lire en originaux les auteurs latins.

« — Juvenal aussi ?

« — Il n'est pas toujours très-propre ! Cela fait sentir la supériorité des chrétiens sur les païens.

« — Vous qui êtes chrétien, nettoyez votre conscience. Vous serez plus à l'aise devant l'ennemi.

« — Soit !

« Et l'affaire était faite au moment où l'abbé X. arrivait, venant aussi d'expédier les deux siens.

« Quelques pas plus loin, nous rencontrons une barricade.

« M. X. accapare deux des trois factionnaires. J'aperçois le troisième accroupi dans un coin, son fusil entre les jambes.

« — De quel pays êtes-vous, vous qui avez l'air d'avoir peur de vous confesser ?

« — Picard, monsieur,

« — Picard ! comment vous hésitez ! vite, mon en-fant, exécutez-vous ! Et il s'exécuta.

« Par où est passé notre voiture ? Elle a rejoint la rivière ici à côté. Pour la remonter, nous marchons sur la berge vingt minutes en ce sens.

« — Mais, dit M. X., le pont de bateaux en amont a été coupé. Ils ont dû se diriger sur le pont en aval.

« Et nous revenons sur nos pas.

Bientôt nous rencontrons un bivouac d'artillerie, gens polis, en vérité.

« — Profitez de notre installation, nous disent-ils, elle est passable.

« Je livre incontinent à M. X., l'auteur d'une si aimable invitation, persuadé qu'il se confessera sans peine ; puis, m'abstrayant du bruit de leur conversa-tion, je déterre deux dormeurs dans leurs couvertures.

« — De quel pays êtes-vous, dis-je au premier ?

« — Français malgré moi, Savoisien d'Annecy.

« — Alors, vous avez prié au tombeau de saint Fran-çois de Sales.

« — Bien sûr !

« — Et vous vous vous êtes confessé quand ?

« — A la Pentecôte.

« — Il y a du temps, pour être en face de l'ennemi.

« Et la confession fut rafraîchie.

« — Votre pays, criai-je à l'autre ?

« — Toulousain.

« — Vous connaissez Saint-Germain ?

« — Certes, oui. J'y ai été !

« — Et vous vous êtes confessé ?

« — Au 15 août.

« — Eh bien ! recommençons.

« — Volontiers !

« Voyant que je me levais, l'abbé X. me dit à l'oreille.

« — Pas confessé le mien ! Esprit fort !

« — Par où le pont de la Marne ?

« — Un peu plus loin, bien près d'ici.

« Comme nous descendions, part de l'autre rive un formidable :

« — Qui va là ?

« — Aumônier d'ambulance ayant perdu leur voiture et cherchant le pont de bateaux, vous aussi ?

« — Vous allez y arriver.

« Nous nous rencontrons sur le pont et nous confessons, chemin faisant, l'abbé X. et moi, chacun deux soldats. Au-delà brillaient les feux d'un bivouac.

« — Qui vive ?

« — Aumônier d'ambulance.

« — Onze heures trois quarts, dit l'abbé X. Buvons vite une goutte de rhum, mais n'oublions pas nos factionnaires. Ils se garderont bien de refuser après le confort matériel, le confort spirituel.

« — Votre pays, demande à celui qu'il avait abreuvé, l'abbé X. ?

« — De Seine-et-Marne.

« — J'ai prêché vos camarades au séminaire du Saint-Esprit, il y a quelques semaines. Il y a mieux, je les ai confessés. Et vous ?

« — Je veux bien.

« Le mien était du Pas-de-Calais.

« — Mais je connais votre Artois, je l'ai parcouru, j'ai dix-huit mois habité Arras. L'Artésien est foncièrement religieux. Vous vous confessez, n'est-ce pas ?

« — Eh oui !

« Le troisième factionnaire était de Seine-et-Oise. Gagné comme les deux autres.

« — Et la route de Nogent ?

« — Vous y touchez.

« Nous l'arpentons, navrés d'apercevoir pendant, à

5

travers l'espace, une seule arche du magnifique viaduc de Mulhouse.

« Nous heurtons un groupe de soldats qui se traînent, évidemment harassés.

« — D'où venez-vous, pauvres amis ?

« — Du mont Valérien, dit l'un.

« — Plus loin que cela, dit un autre, d'Argenteuil ! Ces Prussiens, nous les avons vus ; mais il nous faut rejoindre le gros de notre régiment campé sous Villiers.

« — Ils n'osaient plus avancer. Il a fallu que je me détache du fort de Nogent pour les piloter.

« — Ah ! vous êtes marin, reprend l'abbé X. qui reconnaît le béret et l'accent ; moi j'étais officier de marine ! à nous deux ! un bon exemple à ceux que vous guidez.

« Et le marin se confesse.

« Celui-ci dit et répète :

« — Voyez-vous, il ne faut pas laisser périr la religion. Il ne faut pas que nos enfants soient des brigands.

« Entraînés, les quatre marins se confessent, l'un d'eux plus laborieusement que les autres. Il est préoccupé.

« — Dire que mon village et que ma pauvre femme sont à trois lieues d'ici ! Oh ! les Prussiens, si je les tenais !

« — Allons, faisons notre affaire, lui dis-je ; cela vous donnera du cœur pour mieux pointer.

« Et l'affaire fut faite.

« Nous gravissons la première rue de Nogent, quand retentit un nouveau — Qui vive ?

« — Aumônier d'ambulance. De quel pays êtes-vous ?

« — Alsaciens.

« — Protestants, peut-être ?

« — Tout juste ! mais pas moins bons enfants avec les curés !

« — Voulez-vous une médaille ?

« — Oh ! je n'use pas de cela, moi !

« — Eh bien ! acceptez ma carte. Quand vous passerez par le faubourg, vous viendrez me voir.

« — Justement je connais du monde par là.

« — Bonsoir.

« Sur la place de Nogent triple qui-vive ?

« — Aumôniers d'ambulance ! quel est ce poste ?

« — Mairie de Nogent.

« — Et ceux qui la gardent ?

« — Troupe de ligne.

« — Voulez-vous vous confesser ?

« Et chacun des trois factionnaires se confesse à son tour, appuyé sur son fusil.

« Nous arrivions, descendant au bois de Vincennes, à la bifurcation de la grande rue avec le chemin du Val de Plaisance : nous nous entendons appeler :

« — Où est Joinville ? Notre fourgon et nous, nous nous sommes attardés. — Il fait froid, vous devez être fatigués. Commencez par vider notre rhum et notre sucre. Nous vous indiquerons le chemin après. Nous vous connaissons. La semaine dernière encore vous nous réunissiez à la chapelle Sainte-Anne :

« — Mais au fait, pourquoi pas vous accompagner ? Nous rentrerons par Joinville.

« Déjà les douze mobiles de Saône-et-Loire, formant l'escorte du fourgon étaient confessés, chemin faisant, les charretiers comme les autres. Joinville n'apparaissait pas encore ; mais les feux scintillaient vivement au milieu des jeunes bois, à droite de la route.

« — Voici au moins une compagnie des vôtres ; merci, merci, nous nous retrouverons maintenant.

« Nous laissâmes notre convoi pour attaquer les bivouacs. Nous venions d'aviser un fiacre stationnant.

« — Êtes-vous retenu ?

« — Non. J'attends le comte R. pour régler avec lui

« — Dans combien de temps pensez-vous être disponible ?

« — Il doit être au milieu de ses soldats. Il aura fini, je pense, dans une heure.

« Nous employâmes cette heure à nos conquêtes apostoliques.

« — Eh bien ! vous confessez-vous comme vos camarades, dis-je à un soldat que j'avais vu s'isoler.

« — Oh ! il fait trop froid pour se confesser, je cherche du bois.

« — Cherchons ensemble.

« Et je lui traîne un petit arbre que je trouvai abattu.

« Il finit par se confesser.

« — Combien en avez-vous entendu, dis-je à l'abbé X. en regagnant la voiture.

« — Trois ou quatre. Ils n'étaient pas disposés.

« — J'en ai pourtant accroché une quinzaine, et j'en ai été bien content.

« Cependant le comte de R. ne paraissait pas. Nous nous installons provisoirement dans sa voiture. Après un somme d'une demi-heure, nous nous déterminâmes à retourner à pied à Paris. Mon obstination à croire plutôt mes calculs que la boussole instinctive de l'officier de marine, nous valut le désagrément d'errer trois quarts-d'heure égarés dans le bois. Enfin nous entrons à Vincennes. Nous nous hasardâmes à demander le chemin le plus court pour aller à Paris, à la sentinelle qui gardait la mairie.

« — Au large ! au large ! fut toute sa réponse.

« C'était un honorable garde national de l'endroit.

« Aux portes, l'on fut plus poli. On laissa passer l'aumônier de Sainte-Anne, quoiqu'il eut oublié sa carte et son brassard.

« A six heures et demie du matin, nous franchissions le seuil de notre bien-aimée chapelle de la rue des Bois. »

HISTOIRE D'UNE PERQUISITION

Le récit qui va suivre est authentique. Il a été **trouvé** dans les notes laissées par l'abbé Planchat. C'est lui-même qui le raconte. La maison Sainte-Anne ayant été l'objet de cinq perquisitions faites à différentes époques, il est impossible de reconnaître les personnages en scène. C'est un des plus beaux triomphes de notre apôtre. Nous ne pouvions le passer sous silence. Il inspirera d'ailleurs quelque indulgence pour certains hommes entraînés à des actes contraires à leurs convictions intimes et capables souvent des meilleurs sentiments.

« ….Un jour le portier accourt, effaré.

— J'en avais bien averti M. Decaux, que la fermeture de la maison avait été décrétée au club du boulevard Charonne : les voilà ! les voilà ! Deux cents hommes armés et leur chef en tête !

« L'aumônier se recommande à Dieu et va au-devant du péril.

— « Que désirez-vous de moi ?

— « Savoir pourquoi les mobiles viennent en foule ici.

— « Quand vous donnez un ordre à vos hommes, trouvez-vous mauvais qu'ils l'exécutent ? Eh bien ! j'ai été trouver les commandants des divers bataillons des mobiles, qui se sont succédé dans les baraques de nos boulevards, ils ont approuvé que leurs hommes vinssent ici. Vous avez entendu parler du brave commandant de Dampierre ? Volontiers, j'en suis sûr, vous tomberez comme lui au champ d'honneur. Eh bien, le successeur de ce héros est venu ici, mardi dernier, avec huit cents de ses hommes, assister à un service pour le comte de Dampierre. Il a ensuite visité la maison, les salles de jeux, la gymnastique. « Je suis enchanté, a-t-il dit, que mes hommes viennent ici. »

— Soit, pour la journée, si ça les amuse. Mais que viennent-ils faire dans votre chapelle, dès six heures du soir ?

— Prier, chanter et entendre une conférence, au lieu de hanter les mauvais lieux. Cela plaît d'ailleurs à leurs chefs. Du reste, à peu près chaque fois, des gardes nationaux assistent à nos réunions. Ils ont pu vous répéter ce que nous avons dit :

— Si vos sermons plaisent aux chefs des mobiles, ils ne nous plaisent pas à nous. Dans vos maisons il y a une devise que l'on retrouve partout, Roi, Religion et Patrie !

— Nous avons chanté le quatre septembre, avant tout ordre, le *Domine salvum fac rempublicam*.

— Vous l'avez chanté de bouche et non de cœur. Vous chantiez bien avant le *Domine salvum fac imperatorem* !

— Comme vous, au *Te Deum* du 15 août !

Un garde national interrompit l'orateur :

— Un fusil au Curé !

— Il faut bien quelqu'un dans les ambulances pour vous soigner, si vous êtes blessé.

— Tous les séminaristes vont s'y cacher. Nous les en ferons sortir. Est-ce que nous n'avons pas nos femmes pour nous soigner ?

— En définitive, si vous n'êtes pas d'accord, vous, les sédentaires et les chefs des mobiles, tâchez de vous entendre et laissez-moi faire ma besogne.

— Je sens votre cuisine, dit un franc-tireur ; elle me paraît excellente, tandis que nous autres nous ne mangerons que la soupe à l'ail.

— Mon Dieu, si je me permettais de violer votre domicile, j'y trouverais sans doute l'équivalent du ragoût de cheval qui vous tente. En tout cas, si vous mangez mal, vous buvez bien, je m'en aperçois.

— Taisez-vous, dit le chef au franc-tireur qui l'avait interrompu ; et vous, abbé Planchat, sachez que nous ne reconnaissons ni le général Trochu, ni les chefs de ces mobiles.

— Qui donc est le gouvernement ?

— C'est nous, dit un garde national pris de boisson, qui avait peine à se tenir sur ses jambes.

— Votre gouvernement étant très-chancelant, je ne reçois point ses ordres.

Là-dessus, je fermai résolument ma porte au nez du chef, qui avait paru perdre contenance au mot de violation de domicile. Il se retira avec une douzaine de baïonnettes, le reste des deux cents l'ayant abandonné.

Le lendemain, j'appris que notre officier, qui ne vivait pas en état régulier, devait, le lendemain, se marier à la mairie. Je me souvins aussi que, sur sa demande, deux ans auparavant, j'avais fait admettre, chez les frères, son fils âgé de dix ans.

Le mardi matin, à l'aube du jour, j'étais chez mon persécuteur.

— Vous me permettez d'entrer ? car je ne voudrais pas violer votre domicile. Vous avez voulu me rendre hier un mauvais service; moi, je veux vous en rendre un bon. Vous vous mariez aujourd'hui à la mairie. C'est bien à vous: mais peut-être n'avez-vous pas pensé à l'Eglise. Je viens vous offrir ma chapelle pour ce soir. J'obtiendrai toutes les permissions.

— Monsieur l'abbé, si je suis venu hier chez vous, c'est que l'on m'y a poussé. J'ai été baptisé: j'ai fait ma première communion. Ce que je sais, je le dois aux frères. Vous voyez que je ne suis pas si noir que vous croyez. J'accepte votre offre.

— « Me donnez-vous votre parole?

— « De grand cœur.

« En effet le mercredi 9 novembre, à six heures du soir je mariais ce brave homme à ma chapelle, et sa femme venait communier à ma messe le lendemain. »

VI

LA CAPTIVITÉ

Non loin de cette chapelle dédiée à la patronne de la Bretagne, où, avant d'aller verser leur sang pour le salut de la patrie, les jeunes soldats de ce pays étaient si heureux de venir prier, non loin de la tranquille maison du Seigneur où le pauvre abbé Planchat ne faisait que prier, bénir et pardonner, sur le boulevard de Charonne, il y avait un club.

Un club, avec ses haines, ses rages, ses mensonges et ses blasphèmes !

Un club, dont les meneurs, au lieu d'aller repousser les Prussiens, ne songeaient qu'à chasser les frères de leurs écoles, les sœurs de charité de leurs hôpitaux ; et dont les fusils, s'ils en avaient, n'ont jamais tiré que sur les prêtres !

Ils attendirent le moment, qui ne pouvait tarder, où ils auraient la force. Le 18 mars, au moment où l'insurrection maîtresse de la ville s'emparait de tous les pouvoirs publics, nos sectaires triomphants ne dédaignèrent pas d'exercer aussitôt un commencement de représailles sur la petite œuvre de la rue des Bois. Une bande d'insurgés faisait irruption dans la maison Sainte-Anne, pour y saisir 4,000 chassepots. Ils fouillèrent la maison du haut en bas, jusque dans le sable du gymnase qu'ils retournèrent à fond.

Dix jours après, mardi 28 mars, un délégué du 74e bataillon des fédérés fait cerner la maison et demande à voir la correspondance de l'aumônier, pour y saisir une lettre venant de Versailles. Cette perquisition n'est pas plus heureuse que la première. La correspondance inoffensive de l'abbé Planchat ne pouvait le compromettre. Le délégué ne trouvant point ce qu'il·est venu chercher, se retire.

Ces poursuites persistantes (la maison Sainte-Anne a subi cinq perquisitions) étaient bien menaçantes. Elles auraient dû suggérer à l'abbé Planchat quelques mesures ·de prudence et l'engager, au moins momentanément, à modérer l'activité de son zèle. Il n'en eut pas seulement . la pensée. La retraite pascale des apprentis et des jeunes ouvriers approchait. Il s'appliqua à sa préparation comme en temps ordinaire, cherchant des prédicateurs et des confesseurs ; poursuivant des enfants déserteurs pour les ramener au bercail du Patronage, visitant leurs familles à tous, afin de les décider à accompagner leurs enfants à la retraite. Absolument étranger aux passions politiques qui bouillonnaient dans la population de ces quartiers, il ne pensait qu'à faire faire le mieux possible leurs Pâques à ses enfants. La retraite du Patronage commence donc, selon l'usage, le dimanche des Rameaux, 2 avril, et se continue chaque soir les lundi, mardi et mercredi saints. La chapelle est remplie par un auditoire recueilli. Cependant, au dehors, la situation devenait des plus graves. Dès la veille du dimanche des Rameaux, l'arrestation des prêtres avait commencé. Plusieurs curés, Mgr l'archevêque et ses vicaires-généraux avaient été incarcérés pendant les premiers jours de la semaine sainte. Le jeudi saint, 6 avril, un avis officieux parvint à la maison Sainte-Anne, pour avertir l'abbé Planchat qu'une arrestation allait y être opérée. Les prêtres, ses coopérateurs, l'engagèrent à se retirer le jour même, dans une localité voisine où on lui offrait un asile. Il refuse, ayant donné rendez-vous, dit-il, à deux personnes pour les confesser. Vers deux heures de l'après-midi, au moment où il est en train de distribuer aux mères des enfants qui allaient faire leur première communion, les objets de vêtements qui leur manquaient pour la cérémonie, un commissaire de la commune se présente, le revolver au poing, suivi de son secrétaire également armé. La maison est cernée. On arrête l'abbé Planchat, qui est emmené par le secrétaire en bourgeois, le revolver chargé dans la poche, à tout événement. Le directeur laïque du Patronage Sainte-Anne est arrêté en même temps, et conduit entre trois gardes nationaux au poste de la rue des Amandiers. Après quatre heures de détention, il est relâché. L'abbé Planchat est conduit rue des Cendriers, au bureau du commissaire. Là, il subit un interrogatoire en règle. Puis, on le mène à la mairie du 20e arrondissement, au milieu de gardes nationaux. Arrêté le soir du jeudi saint, il reçoit pendant le trajet, comme son divin Maître, mille outrages des gens du quartier, hommes, femmes et enfants, hurlant après celui qui ne leur avait fait que du bien. Un enfant, dit-on, le frappa même avec un bâton. La pauvre victime, dont le long martyre commençait, ne répond pas et marche la tête baissée, au milieu des injures, priant sans doute pour ses bourreaux. A la mairie, on l'enferme dans une petite salle infecte et humide auprès du poste. C'est là qu'il passe une partie de cette nuit douloureuse, grelottant de froid et ne pouvant prendre de repos. Cependant l'officier, par pitié, le fait entrer dans le corps de garde. Le saint prêtre ne fut pas sans y recevoir encore d'autres outrages; mais il dut bénir ce trait de conformité avec son divin Maître. Peut-être lui fut-il possible de dire son bréviaire. Nul doute qu'il ne trouva, dans les prières de l'Église, et dans les applications de la sainte Écriture, une puissante consolation. Le lendemain matin, le concierge du Patronage lui apporte un manteau et quelque nourriture. On arrête aussitôt ce brave homme. Tous deux sont conduits, vers dix heures du matin, au poste de la rue des Amandiers. Pendant la route, nouvelles insultes de la populace. Une femme s'écrie : — Qu'on le fusille donc ! Ce sont ces gens-là qui nous vendent et nous trahissent. Un enfant lui jette de la boue. C'était le vendredi saint. Arrivés au poste, ils entendent dire qu'on va les emmener à la Préfecture de Police. L'abbé Planchat demande la faveur d'y être conduit en voiture. On la lui accorde. Un garde va chercher un fiacre. L'abbé Planchat, le concierge et un garde y montent. La voiture, escortée par un piquet de gardes nationaux, va au pas.

On arrive ainsi au dépôt de la préfecture. L'abbé Planchat est écroué dans une grande pièce, où sont enfermés déjà vingt-cinq prêtres. Tous ont été arrêtés pendant cette semaine, sainte entre toutes, spécialement choisie par la Commune, pour accomplir l'une des parties de son programme qu'elle avait le plus à cœur, la profanation des Églises et l'arrestation des prêtres. Ceux-ci seront presque tous compagnons de son martyre. A peine arrivé, il se confesse au Père Chauveau, de la rue des Postes. Seul, il possède un bréviaire. Les autres prêtres n'ont pas eu le temps d'emporter le leur; le sien est aussitôt mis à leur disposition. C'est une grande consolation pour eux; c'en est une, non moins grande, pour l'abbé Planchat, de pouvoir, dans sa situation, accomplir envers ses confrères encore une œuvre de charité. Mais à peine a-t-il passé quelques heures au milieu d'eux, qu'un gardien de la prison vient le chercher pour le mettre en cellule. Nouvelle épreuve pour cette âme expansive, et peine véritable pour ces bons prêtres qui ont vite apprécié l'apôtre populaire. Mais très-peu de temps après cette séparation le bréviaire revient. L'abbé Planchat n'en a plus besoin. Accoutumé à dire son bréviaire par les rues, bien souvent avant le jour ou la nuit tombée, il sait par cœur une grande partie des psaumes; il lui a suffi de prendre quelques notes. Il a copié ce qu'il ne sait pas et peut se passer, pendant plusieurs jours, du saint livre. Les prisonniers touchés de sa charité, émus de sa pauvreté qui se révèle autant par la vétusté de son bréviaire que par tout son extérieur, s'empressent de lui faire dire qu'ils mettent leur bourse à sa disposition. L'abbé Planchat refuse pour lui-même; accoutumé à s'oublier, il ne pense qu'à ses confrères de Sainte-Anne que son absence laisse au dépourvu. Il accepte pour eux.

La cellule où l'on vient de l'enfermer ne mesure que deux mètres soixante sur cinq environ. Une fenêtre élevée, munie d'une grille, laisse à peine entrer le jour. Le lit en fer est sans draps et fixé à la muraille, ainsi qu'un tabouret et une petite crédence qui tient lieu de table. Un trou de latrines est placé dans un angle; et le mobilier se complète par une cuvette en terre, deux balais et un bidon de fer-blanc. Au lever du jour un gardien entre pour éteindre le gaz, enlever les balayures et apporter de l'eau. Vers sept heures, on passe par le guichet un pain de munition; à huit heures on apporte un bouillon; à trois heures, une portion de viande ou de légumes.

Tel est le régime du dépôt : tel fut celui de l'abbé Planchat et de ses compagnons jusqu'au 13 avril, jeudi de Pâques.

Ce jour-là, un peu après midi, on vint avertir les

otages qu'ils allaient être transportés à Mazas et on les fit sortir de leurs cellules et attendre dans un grand couloir où ils se trouvèrent tous réunis. Parmi eux on comptait vingt-cinq ecclésiastiques en costume, sauf trois ou quatre. Ils eurent le loisir de s'entretenir de leur situation, et du plus ou moins de chance de salut que pouvait leur offrir leur changement de prison. Après une heure d'attente, on vint dire que les voitures n'étaient pas prêtes. Ils durent rentrer dans leurs cellules. Vers trois heures, on les en fit sortir. En descendant dans la cour, ils trouvèrent des gardes nationaux, l'arme au bras. On les fait monter aussitôt dans les voitures cellulaires, la plus grande humiliation, disent les otages, qu'ils eurent à subir pendant leur captivité. Chaque prisonnier est enfermé à clé dans une case où il ne peut se mouvoir ; on y manque d'air à suffoquer. Par un raffinement de barbarie, on les laisse enfermés pendant près d'une demi-heure, sans ouvrir les vasistas, malgré leurs plaintes et leurs prières. Plusieurs faillirent étouffer.

On arrive à Mazas. Une double ligne de soldats fédérés borde le pourtour de la cour à franchir, avant d'arriver au vestibule de la prison. Là commence toute une série de pénibles formalités. D'abord on écroue successivement les prisonniers dans des cellules d'attente. On les y laisse une heure. On les introduit ensuite dans d'autres cellules, également provisoires, dont une des portes donne sur le bureau principal. Ces portes s'ouvrent enfin, et les prisonniers se trouvent en face de trois employés, qui leur demandent leurs noms, prénoms, etc. On les fait passer dans un autre bureau, où l'on inscrit les objets dont ils sont porteurs. Enfin on les introduit dans leurs cellules définitives. Celles-ci, paraît-il, ne diffèrent guère de celles du dépôt. L'ordinaire des repas est le même, ainsi que le règlement intérieur. Toutes les mesures sont prises pour que les prisonniers ne puissent recevoir aucunes nouvelles, entendre rien du dehors et même apercevoir leurs co-détenus. Une bibliothèque assez bien choisie, est mise à leur disposition. Une heure de promenade solitaire dans une petite cour, sous l'œil des gardiens, leur est accordée. L'abbé Planchat occupait la cellule 11 de la 3e section. Sa détention s'y prolongea trente-huit jours. On peut aisément se figurer tout ce que dut souffrir cette nature ardente, habituée à la plus vive expansion, à la plus dévorante activité. Quel changement de vie ! La consolation de dire la sainte messe fut impitoyablement refusée à tous ces prêtres, quoiqu'une chapelle à l'intérieur de la prison leur offrît toute facilité, et à l'administration de la prison toute garantie. Ils étaient réduits à en réciter les prières. Le dimanche, nous disait en souriant un des otages sauvés, à cause de la solennité, je chantais le *Credo !* Quelque facilité était accordée pour faire parvenir du dehors des aliments aux prisonniers. On en profita pour leur procurer la sainte Eucharistie. Nous pensons qu'à Mazas, à cause de l'impossibilité où se trouvaient les prisonniers de communiquer entre eux, cette précieuse faveur ne fut accordée qu'aux RR. PP. jésuites. Les traitements du directeur et des gardiens à l'égard des otages, laissèrent beaucoup à désirer. Qu'on en juge par la réponse de Monseigneur l'archevêque de Paris, à un des rares visiteurs qui obtinrent la faveur de pénétrer jusqu'à lui.

— On m'a assuré, Monseigneur, disait-il, que vous n'avez qu'à vous louer des procédés que l'on a pour vous dans cette prison.

— Oh ! monsieur, répondit le prélat, dont la mansuétude était pourtant si parfaite, j'ai dit seulement que je ne voulais me plaindre de personne.

La plus profonde résignation, une douceur vraiment

céleste émanent de toutes les paroles, de tous les actes de ces saintes victimes. Toutes les heures anxieuses de leur détention, ils les employaient à la prière, aux pieuses lectures, aux saints exercices d'une retraite. Ils se préparaient ainsi tranquillement à la fin tragique dont ils se savaient menacés. Nous les verrons bientôt marcher à la mort comme à un des devoirs ordinaires de leur ministère, comme s'il se fut agi d'aller dire la sainte messe, faire une classe de collége ou administrer les sacrements, avec la même simplicité, avec le même calme. L'histoire ecclésiastique ne nous offre rien de plus grand.

Le R. P. Sosthène Duval, de la congrégation de Picpus, l'un des otages sauvés, a recueilli de la bouche de l'abbé Planchat lui-même, pendant une récréation prise en commun à la prison de la Roquette, d'intéressants détails sur la manière dont il a sanctifié les souffrances de sa longue détention à Mazas.

« Appelé plusieurs fois par lui, écrit ce Père, depuis le commencement de la guerre pour l'aider dans l'œuvre des soldats et confesser ses enfants, j'avais eu occasion d'admirer son zèle ardent pour le bien des âmes, et je suis heureux de lui rendre cet hommage, que je mets au nombre des grâces que le bon Dieu m'a faites, l'avantage de connaître M. Planchat, ses œuvres, ses industries, et de recevoir ses conseils et ses exhortations. Le mardi 23 mai, lendemain de mon entrée à la Roquette, je reconnus, non sans quelque peine, M. Planchat, dans la cour où nous venions de descendre, tous les otages de notre section ensemble, pour la récréation. Il était seul et je m'avançai vers lui. Nous passâmes la récréation ensemble. Il me dit qu'il avait beaucoup souffert de l'inaction et du manque d'exercice pendant sa détention à Mazas. Il s'était fait un règlement, se levait à quatre heures, avait des heures pour tous ses

exercices qu'il faisait tous, y compris l'oblation men-
tale de la sainte messe, et passait, je crois, sept heures
à se promener, « sans quoi, me disait-il, l'estomac, la
tête, m'auraient trop fait souffrir... »

On le voit, l'abbé Planchat subit l'épreuve de cette
douloureuse captivité, dans des dispositions non moins
saintes que celles de ses compagnons. La fatigue écra-
sante de cette réclusion affaiblira son corps et brisera
son cerveau plus aisément qu'elle ne refroidira son
amour pour les âmes. Il pense constamment à ses malades et à ses enfants, à sa première communion dé-
laissée. Du fond de sa prison, il envoie des billets à diverses personnes charitables, à des pauvres, à des
enfants, où son cœur s'ouvre avec sa simplicité ordinaire. Le combat de l'apôtre qui essaie de se résigner
et que torturent les besoins des âmes, bien plus que ses
propres souffrances, est admirable.

« Priez, priez beaucoup les uns et les autres pour que
je profite de l'épreuve, écrit-il dans un billet daté de
Mazas, le 25 avril. Si je savais pendant cette retraite
forcée, réfléchir devant Dieu aux moyens de me rendre
un peu moins brusque, un peu moins inutile à ceux qui
me demandent aide et conseil, ce temps n'aurait été
perdu pour personne. Si quelque chose peut me le faire
trouver long, c'est la pensée que l'on s'inquiète de moi,
et que mes pauvres malades désirent ma visite; mes
bons apprentis, leur première communion. C'est dimanche prochain la fête de la protection de Saint-
Joseph. Obtenez de lui qu'il me délivre pour vous autres, si telle est la volonté de Dieu... »

Dans une autre lettre du 30 avril, fête de la protection
de saint Joseph, adressée à une pauvre dame dont il
avait visité le fils pendant sa maladie, presque chaque

jour, c'est toujours la même préoccupation du bien spirituel des âmes, la même bonté de cœur et peut-être une mansuétude plus tendre et plus sentie.

« Je ne puis tarder un instant à vous dire combien je suis touché de votre souvenir compatissant. Votre carte, apportée par vous-même, me dit assez combien vous eussiez désiré me voir. Mon frère lui-même n'a pu y parvenir. Prions Dieu pour que la guerre civile cesse au plus tôt. C'est certes la plus cruelle de toutes les séparations. Je ne puis pas dire que je ne souffre point d'être arraché à mes malades, à mes apprentis, à mes pauvres, aux consolations de mon ministère.

« Mais ce qui me prouve que tous ceux à qui je pense prient pour moi, c'est que je me résigne, ne récrimine contre personne et demande la lumière pour ceux qui s'imagineraient que je pense à autre chose qu'à faire un peu de bien à ceux qui souffrent.

« Demandez les mêmes grâces par saint Joseph, vous et votre cher malade. Réservez, je vous en prie, puisque je ne saurais lui en porter moi-même, réservez pour lui, je vous en serai vivement reconnaissant, les douceurs dont vous auriez encore à disposer pour moi.

« J'ai écrit dès les premiers jours de ma captivité à un bon vicaire de Sainte-Marguerite, à l'abbé G., mon condisciple du séminaire, pour le supplier d'aller visiter notre cher malade. Je ne doute pas qu'il ne l'ait déjà consolé plusieurs fois. Dites à ce cher ami, que j'ai chaque jour pour lui une prière et un souvenir particulier. »

En date du 8 mai,

Mon cher ami,

« Vous êtes donc venu vous-même à Mazas, puisque votre carte accompagnait les douceurs que m'a fait

passer votre amitié. Dieu soit béni ! Les forces vous reviennent. Je prierai tant la sainte Vierge pour vous,
pendant son mois, comme vous le faites de votre côté,
j'en suis sûr, que l'occupation reviendra aussi à votre
bonne mère et à vous.

« Merci, cher ami, de vos souvenirs. Le frais bouquet
des champs aurait suffi. Son odeur n'est pas trop forte
pour mon étroite cellule, même la nuit. Soignez-vous,
cher ami, ne faites pas d'imprudence. Donnez-moi de
vos nouvelles et de celles de votre bonne mère, par une
lettre confiée à la poste. Dites-moi, ami, si vous êtes entré en connaissance avec cet excellent abbé G., du moins
pour vos Pâques, etc.

Mazas, 8 mai.

« C'est les larmes aux yeux que j'ai lu hier votre billet de samedi. Je venais de lire les premières vêpres de
l'apparition de saint Michel. Je me suis senti tout de
suite l'inspiration de mettre la première communion
et chacun de ceux que vous préparez si courageusement
à la faire, sous la protection du chef de tous les anges
et de leur bon ange à chacun. J'aimerais que d'ici à
la première communion, à chaque catéchisme, on dit un
« Je vous salue, Marie, » avec les invocations : « Saint
Michel, priez pour nous ; saints anges gardiens, priez
pour nous, » en union avec la neuvaine que j'ai commencée hier, pour la première communion de l'Ascension. Peut-être, après le dîner, devant la sainte Vierge
de notre mois de Marie, vous pourrez chaque jour dire
la même prière. Si, là et au catéchisme, on avait une
intention pour ma délivrance, ce serait bien charitable.
J'ai fait d'avance hier, entre les mains de la très-sainte
Vierge, le sacrifice de ma présence à la première communion, si ce sacrifice peut être utile à la préparation
de nos chers enfants et leurs parents. Si le bon Dieu

voyait, lui, quelque utilité à ma présence à Sainte-Anne, en ce beau jour, il saurait bien la procurer en échange de vos prières. Je vous avoue que je l'en remercierais du fond de l'âme, et oublierais en ce moment toutes les peines du passé, toutes les préoccupations de l'avenir.... Comment ferez-vous pour la confirmation ? Mgr Buquet, s'il est à Paris, doit avoir fort à faire. Le plus simple serait, peut-être, de vous proposer celle de la paroisse. L'absence des pensions doit y laisser de la place. A défaut de Charonne, on vous recevrait là où se ferait une confirmation, dans les jours qui suivront l'Ascension. Il y a si peu d'ouvrage que les apprentis non confirmés, seraient presque aussi libres pour accompagner les premiers communiants que le dimanche, en d'autres temps.

« Merci au bon P. L... pour son cordial concours. Quant à vous, je ne vous remercie pas, j'en aurais trop à dire, mais je prie double pour vous, sans oublier, etc. »

Mazas, 12 mai.

« ..... Il y aurait aussi à voir s'il reste assez de chapelets pour tous les enfants ; car pour les enfants, comme pour moi, les prières ne furent jamais plus nécessaires. S'il manquait de chapelets, M. Alcan, n° 11, rue d'Assas, ne se refuserait pas d'en donner en considération de ma captivité.... Je suis plein d'espoir que la sainte Vierge bénira vos généreux efforts pour cette première communion, qui se fait pendant son mois ; je prie pour cela, priez pour moi ; je ne me décourage pas, mais ma pauvre tête se fatigue.... »

Chaque mot de ces courts billets, voilés de tristesse, pénètre le lecteur d'attendrissement. On croit entendre les soupirs du pauvre prisonnier, si résigné à la volonté de Dieu et si ému de tendresse pour les âmes, qu'on y

ent plutôt une prière qu'une plainte. Tout y respire
'amour de Jésus, et des âmes des petits enfants qu'il a
>réparées pour le recevoir. Les détails de cette première
:ommunion sont l'objet de ses préoccupations constan-
es. C'est pour elle qu'il prie, qu'il souffre, qu'il se
'ésigne et qu'il espère ou qu'il accepte le suprême sacri-
lce. Elle est la pensée habituelle de ses tristes jour-
1ées et de ses longues nuits. Elle ne le quittera qu'à
.a mort. Tant que son cœur battra dans sa poitrine,
usqu'à la dernière seconde où son être perdra le sentiment de cette vie; que dis-je, jusqu'au trône de Dieu
même, où son âme montera triomphante de la boue
sanglante de la rue Haxo, il priera pour ses pauvres
petits apprentis de Sainte-Anne, pour sa première
:ommunion !

Mazas, 13 mai.

« Je vous annonce en hâte que M. l'abbé H., de Nazareth, sera à Sainte-Anne une partie du jour (vous
saurez au patronage l'heure précise), lundi et mardi
prochain, à l'occasion de la Retraite de première communion. Excellente occasion pour vous : 1º de faire vos
Pâques ou de communier pour la grande fête de l'Ascension ; 2º de remercier un ancien bienfaiteur de votre
bonne mère.

« Je ne puis pas dire que je sois malade; mais les
nuits sont bien coupées, bien agitées. La tête se cercle ;
les nerfs s'agacent. Cette vie est si opposée à mon tempérament, si étouffante pour mon cœur ! Priez, priez
bien la sainte Vierge. S'il lui plaisait de me délivrer
pour la première communion de mes enfants ! Je ne
veux, du reste, que ce que Dieu veut, trop heureux de
lui faire un sacrifice de plus ! »

Mazas, 13 mai.

« ..... Pardon de tant de détails sur ma nourriture.

Cela m'ennuie bien. C'est par conscience que je le fais,
d'autant plus que ma vie, la liberté de ma tête, ce n'est
pas tout cela; c'est le mouvement, le grand air, la
parole, la vie du cœur et le ministère de mes chers
pauvres, de mes chers malades, de nos chers enfants,
en un mot, tout ce qui me manquera toujours en
prison.... »

Les commentaires ne peuvent qu'affaiblir ces pages
admirables. Elles respirent comme un parfum du ciel
qui va s'ouvrir dans quelques jours sur cette âme, dont
la charité grandit à mesure que le terme de l'épreuve
approche, ainsi que le témoigne la lettre suivante qu'il
faut citer tout entière, la dernière, sans doute, écrite de
Mazas.

Mazas, 3e division, n° 11. — 19 mai 1871.

Mademoiselle,

« Je ne sais comment le temps s'est écoulé depuis
mon incarcération du 6 avril, sans que j'aie songé à réclamer vos bonnes prières et celles des âmes pieuses que
vous connaissez. Du reste, le moment le plus important
pour cela est venu, puisque la Commune s'occupe tout
juste à cette heure, non de la libération, mais de l'exécution des prêtres.

« Et peut-être je vous eusse encore oubliée, si ma
pauvre mère, qui se donne pour moi tout le mouvement
possible, craignant, avec juste raison, comme je crains
moi-même, tout en m'abandonnant à Dieu et à Marie,
ne m'avait annoncé une triste nouvelle, la mort de ce
bon M. P.

« Elle m'a dit qu'elle croyait ces dames à Grenelle.
Moi j'ai cru comprendre, quand je vous ai vue l'hiver
dernier à Sainte-Anne, qu'elles habitaient le Marais, où
elles avaient une ambulance. Dans le doute, je m'adresse

à vous pour leur présenter, soit de vive voix, soit en leur transmettant cette lettre, l'expression de la part vive, mais bien vive, que je prends à leur peine. J'ai l'intime conviction que M. P. sera mort en bon chrétien; cette âme était trop noble, trop droite pour que les prières et les bonnes œuvres, depuis si longtemps accumulées par ces dames à son intention, n'aient pas obtenu, au moins à la dernière heure, la rupture du bandeau de préjugés qui pouvait couvrir les yeux d'un homme de bonne foi.

« En tout cas, je me serais fait un devoir, un bonheur de dire plusieurs messes pour cette chère âme. Hélas! je n'ai pu ni célébrer, ni entendre une messe, ni me confesser depuis le Jeudi-Saint! J'offre à Dieu, de mon mieux, cette souffrance, la plus grande de toutes. Je l'offre en partie pour l'âme de M. P., depuis que je la sais devant Dieu. J'y joindrai, je ne dis pas quelques prières spéciales, mais l'intention de plusieurs de celles que j'ai mises dans mon règlement de prières, règlement plus ou moins bien suivi. Je ne puis guère charger davantage ma pauvre tête, qu'agace le régime cellulaire.

« Je n'oublie pas non plus vos bonnes œuvres. Vous pensez, j'en suis sûr, à mon pauvre patronage. Priez tout particulièrement pour la première communion de Pâques. J'avais cru faire merveille en la remettant au jeudi de Quasimodo, afin de diminuer l'entassement des choses. On m'avait écrit, il y a dix-huit jours, récrit de nouveau le 12, que tout se préparait pour l'Ascension. Ma mère m'apprend hier que la prudence n'a permis de rien faire. Je suis si peu avancé dans la sainte indifférence, que cette nouvelle m'a donné un coup. Me voilà, il me semble, remis, malgré ma mauvaise nuit.

« J'ai trois fois besoin de prières pour me tenir prêt

à recevoir le coup de grâce qui peut venir, et sans avis préalable, et sans confession ; pour me maintenir dans l'amitié de Dieu, par le seul secours direct de sa grâce ; pour ne pas perdre par les lâchetés, hélas ! trop fréquentes, de ma misérable volonté, le mérite de cette croix bénie, envoyée par Dieu pour mon bien et pour celui de mes chères ouailles

« Votre très-reconnaissant servitéur,
« L'abbé PLANCHAT. »

Toute l'âme, toute la vie de l'abbé Planchat est dans cette lettre. Il a la certitude de sa mort prochaine, et il se met en quête de prières à son intention, comme il avait du reste l'habitude de faire pour toutes les âmes qui l'intéressaient. Il avait fait imprimer des lettres qu'il envoyait à toutes les communautés, à l'approche de ses premières communions ou de ses retraites. Il fait la même chose, cette fois, pour lui-même, à l'approche de ce qu'il appelle d'une manière si touchante le coup de grâce. Son supplice a commencé, en effet, le jour de son arrestation, en l'arrachant à ses œuvres les plus chères, à ce moment de Pâques, décisif pour le salut d'un grand nombre. Il a donc pris la plume pour demander à une personne pieuse, en laquelle il a grande confiance, des prières pour lui ; et, dès les premières lignes, il ne pense plus qu'à envoyer des consolations à des âmes affligées. A mesure qu'il avance dans sa lettre, il perd de vue de plus en plus son objet principal. Il finit par substituer ses enfants et leur première communion à lui-même, et il termine par l'offrande de sa mort à leur intention. Chaque mot a un sens admirable dans cette lettre si sacerdotale, si apostolique. Elle exhale, en même temps que la pénétrante odeur de la plus ardente charité, le parfum plus rare et plus suave encore de la plus sincère humilité. Ce baptême de sang qu'il s'attend à recevoir inopinément, ne le rassure pas sur les fragilités de sa nature. Cependant il ne peut ignorer; qu'immolé en haine du Christ et de son Église, c'est la couronne au front et la palme à la main qu'il va monter au ciel. Merveilleux aveuglement des saints ! Éblouis par la splendeur des perfections de Dieu, ils oublient ses miséricordes, et devant leurs imperfections, ils s'épouvantent. Ces quelques lignes de l'abbé Planchat nous éclairent sur ses dispositions intérieures et ses progrès spirituels pendant sa détention, autant que tous les récits circonstanciés que nous aurions pu désirer.

L'arrestation de l'abbé Planchat produisit une vive émotion dans la population de Charonne et des faubourgs voisins. Une pétition pour sa délivrance adressée à la Commune, se couvrit rapidement de trois cents si-signatures. Il va sans dire qu'elle demeura sans résultats. Des démarches particulières auprès du président du gouvernement de l'Hôtel-de-Ville, qui, du reste, les accueillit favorablement, en protestant même contre la violation de la liberté de conscience et de la liberté individuelle, n'eurent pas plus de succès. Plus les instances étaient pressantes et nombreuses pour la délivrance d'un otage, plus l'attention des féroces proscripteurs des prêtres était attirée sur lui, et moins il lui restait de chances de salut. Plusieurs ont pu être sauvés, précisément parce qu'ils se sont fait oublier. Les démarches en faveur du pauvre abbé, de quelque nature qu'elles fussent, n'ont donc fait qu'aggraver sa situation. En même temps que des tentatives publiques de délivrance avaient lieu, des témoignages personnels de dévoûment venaient le consoler dans sa dure captivité. De pauvres femmes faisaient chaque jour le pèlerinage de Mazas, et se privaient du nécessaire pour adoucir en sa faveur le régime de la prison. Ces marques de reconnaissance n'étaient pas sans courage, en un temps où l'arrestation arbitraire et la dénonciation étaient proclamées, tout à la fois, le droit et le devoir des citoyens. L'abbé Planchat fut donc loin d'être délaissé. Je ne sais même si aucun de ses compagnons de souffrances a reçu un témoignage de souvenir plus délicat, que celui cité dans une de ses lettres, l'envoi de ce bouquet de fleurs des champs par cet enfant du patronage, essayant d'égayer avec cet hommage gracieux, le seul qu'il put lui offrir, la sombre cellule du cher prisonnier !

Ici vient naturellement prendre place le récit d'un petit apprenti du patronage Sainte-Anne, qui donna à l'abbé Planchat, durant sa captivité, les marques les plus touchantes de sa reconnaissance. Cet enfant est actuellement à l'orphelinat de Vaugirard. Nous avons recueilli sous sa dictée les pages qui suivent. Nous aurions affaibli l'intérêt de son récit en y changeant un seul mot, et nous le donnons dans toute sa naïveté.

« J'étais le sacristain de M. l'abbé Planchat, je l'accompagnais souvent quand il allait porter le bon Dieu aux malades. A ce titre, j'étais admis dans ses confidences, et il paraissait avoir une certaine confiance en moi. Le jeudi saint, sachant qu'on devait venir pour l'arrêter, il me dit le matin : « Je vais vous confier un secret; « il ne faudra en parler à personne. Nous allons partir « aujourd'hui, M. X. et moi, parce qu'on veut nous « arrêter. Vous allez suivre M. X. dans Paris, pour des « œuvres qu'il a à faire, et il ne reviendra pas. Pour « moi, je ne puis quitter, parce que j'attends deux per- « sonnes qui doivent venir se confesser à deux heures. » Je sortis avec M. X., comme il m'avait été dit, et ne rentrai que le soir vers quatre ou cinq heures.

« Comme j'approchais de la maison, je rencontrai plusieurs pauvres qui me dirent d'un air tout triste :

« Vous ne savez pas? ils l'ont arrêté!... M. Planchat est
« arrêté!.. » J'avais de la peine à les croire d'abord;
mais, une fois à la maison, je vis que la chose était
vraie. Tout le monde était dans la consternation. J'appris que ce bon Père avait été fort maltraité en arrivant
près de l'Hôtel-de-Ville : des femmes lui avaient jeté des
pierres dans sa voiture.

« Le lendemain, vendredi, M. le directeur du patronage me conduisit avec lui à la préfecture de police,
afin d'avoir un laisser-passer pour pouvoir visiter
M. Planchat et lui porter à manger. Il y avait beaucoup
de monde à attendre comme moi, et nous dûmes faire
queue jusqu'au soir pour pouvoir passer. Enfin, la
feuille désirée nous fut délivrée.

« Au patronage, M. D. fit son possible pour suppléer
M. Planchat et préparer les enfants à la fête de Pâques.
Il nous faisait chanter les Vêpres à la chapelle, puis
il nous donnait des avis à la place de l'instruction;
mais, comme il n'y avait pas de prêtre, on ne donnait
pas le salut. Le jour de Pâques, cependant, un aumônier
du Père-Lachaise vint pour présider nos exercices, et
continua ainsi tous les dimanches. Pour ne pas se faire
remarquer, il venait, les premières fois, vêtu en civil;
mais après il garda sa soutane; seulement il la relevait
un peu par le bas, et mettait un manteau par dessus :
puis il portait à la main un arrosoir ou une pioche, ainsi
qu'aurait fait un ouvrier. De la sorte, il venait nous
visiter sans être inquiété par les gens du quartier.

« Le samedi saint, M. D. me dit : « Il nous faut du
« linge d'autel pour demain; allez en chercher chez
« les dames de Picpus; ensuite vous irez porter à
« manger à M. Planchat avec votre laisser-passer. »
Quand je fus chez les dames de Picpus, je vis que la
maison était pleine de gardes nationaux. J'entrai au
parloir et me mis à causer avec les sœurs. Nous disions

que les gardes nationaux étaient de la canaille. Les
sœurs ne comprenaient pas qu'ils eussent eu le courage
d'arrêter ce bon M. Planchat. Pendant que nous par-
lions ainsi, il en vint un qui me dit : « Que fais-tu là ?
« tu viens apporter des correspondances ? — Non , ré-
« pondis-je, je viens chercher du linge d'autel pour le
« patronage. » Il se mêla ensuite à la conversation, et
il disait comme nous. Quand je fus pour m'en aller, on
m'arrêta dans la cour : ce garde national avait rapporté
au lieutenant tout ce que j'avais dit. Le lieutenant me
dit : « C'est comme cela que tu parles de nous ? tu dis
« que nous sommes de la canaille ? — Certainement,
« que je lui répondis, et vous ne pouvez pas dire le con-
« traire, puisque vous arrêtez les gens qui ne font pas
« de mal, et que vous allez dans les maisons pour voler
« et piller. — C'est le patronage qui t'apprend ces
« belles choses sur notre compte, n'est-ce pas ? Et pour-
« quoi y vas-tu au patronage ? Est-ce ton père qui t'y
« envoie ? — Non, ce n'est pas mon père ; j'y vais parce
« que ça me plaît. — Et que fait-il, ton père ? est-il de
« la garde nationale ? — Oui ; il est aussi dans la ca-
« naille. » Les sœurs me faisaient signe par la fenêtre
ne pas répondre ainsi ; mais je ne pouvais pas m'en
empêcher. « Tu vas changer de propos, ou bien on va
« te mettre en prison. — Faites, si vous voulez ; vous
« ne m'empêcherez pas de dire ce qui est la vérité. —
« Quel est ce papier que tu tiens là ? — C'est un laisser-
« passer pour aller porter à manger à M. Planchat, que
« vous avez mis en prison. — Non, tu n'iras pas porter
« à manger à ce calotin. — Si, j'irai. Il me nourrissait
« quand il était libre, et vous ne m'empêcherez pas de
« lui rendre ce qu'il a fait pour moi. — Tu ne veux pas
« changer de résolution ? — Non. » On m'enferma alors
dans un cachot. Au bout d'un certain temps, on vint
me voir, et on me dit : « Eh bien ! es-tu toujours dans

« la même résolution ? Continueras-tu à parler de nous
« comme tu fais ?... Iras-tu encore à ton patronage ?...
« Voudras-tu porter à manger à ton calotin ? — Oui,
« oui, oui, vous ne me ferez pas changer. » Voyant que
j'étais ferme dans mes résolutions, ils me fouillèrent et
me prirent mon livret de caisse d'épargne du patronage
et mon laisser-passer pour M. Planchat; ensuite, ils
dirent : « Tu peux t'en aller. — Je ne m'en irai pas que
« vous ne m'ayez rendu ce que vous venez de me pren-
« dre. — Ces pièces doivent rester ici, tu ne les auras
« pas. — Vous voyez bien, vous ne voulez pas me
« rendre mes affaires; vous viendrez dire ensuite que
« vous n'êtes pas des voleurs ? Je ne m'en irai pas ! —
« Où demeures-tu ? — Telle rue, tel numéro. — Bien,
« nous allons voir ton père pour savoir si c'est lui
« qui t'enseigne si bien. — Vous pouvez y aller, je ne
« vous crains pas; et pour que vous soyez plus sûrs de
« trouver la maison, vous prendrez tel chemin; vous
« arriverez à tel endroit, vous monterez au deuxième;
« c'est là que nous demeurons. » Enfin, on me rendit
mon livret de caisse d'épargne et mon laisser-passer, et
je partis. Je courus tout droit chez nous, et fis part à ma
mère de ce qui m'était arrivé. Elle tomba dans une
grande inquiétude : « Ils vont venir, disait-elle, et ils
« arrêteront ton père. » Heureusement, papa avait déjà
pris toutes ses dispositions, et le lendemain il put sortir
de Paris. Pour passer à la barrière, il suivit la foule en
tenant en l'air son acte de mariage en guise de *bon de
sortie.*

« Avec mon laisser-passer (que je garde comme une
relique), je pus apporter à manger à notre bon Père
M. Planchat tous les jours, durant sa réclusion à la
préfecture et à Mazas. Chaque fois que je venais, il me
fallait passer au milieu des gardes nationaux qui étaient
à la porte. Ils me regardaient toujours avec des yeux

féroces et me disaient souvent des paroles grossières. J'entrais au parloir, où se trouvaient aussi beaucoup d'autres personnes qui venaient porter, comme moi, quelques soulagements aux prisonniers. Je donnais, chaque fois, trois sous au gardien qui se tenait au guichet, et avec cela il se chargeait de remettre les provisions que j'apportais. Il m'aurait été bien consolant de voir seulement une fois notre cher Père. J'allai pour cela tout seul à la préfecture, afin d'en obtenir la permission. Je me mis à genoux devant les chefs, les priant, les suppliant, les mains jointes, tout fut inutile. On me renvoya avec de gros mots, et je m'étonne même à présent qu'ils n'aient pas été accompagnés d'autre chose. Les personnes qui offraient de l'argent n'étaient cependant pas toujours rebutées ainsi ; mais, moi, je n'avais rien à donner.

« Vers la fin, M. D. me remit un billet dans lequel il disait à M. Planchat qu'il était à bout de ressources et qu'il prévoyait le moment où il ne pourrait plus lui envoyer d'aliments. Je déchirai ce billet, sans rien dire à M. D., parce que cela aurait fait de la peine à M. Planchat ; puis, tous les jours, j'allais prendre quelques provisions que me donnait ma mère ; je prélevais aussi certaines choses sur mes repas, et portais le tout à notre prisonnier. De la sorte, il reçut continuellement les secours que j'avais commencé à lui apporter dès les premiers jours.

« Une fois, il disait à M. D., dans un billet : « Ne m'envoyez plus de vin, je préfère le lait. » M. D. ne comprenait pas, parce qu'il lui envoyait du vin et pas de lait. Mais moi, je savais bien d'où venait le lait : c'était maman qui me le donnait. Elle avait beaucoup de peine à se le procurer, car il était fort rare à cette époque ; néanmoins, elle savait s'arranger pour en avoir.

« Une autre fois, on me remit à la préfecture, une let-

tre de ce bon Père. Il avait mis en tête les initiales J. M. J.
Les employés avaient fait de gros pâtés dessus pour les
effacer, et, en me donnant la lettre, on me dit : « La
police ne laisse pas passer ce qu'elle ne comprend pas. »
Ils s'étaient figuré que c'étaient quelque moyen de communiquer des secrets.

« Les trois derniers jours que M. Planchat fut à la Roquette, je ne pus parvenir à lui apporter les provisions
accoutumées, toutes les rues étant occupées militaire-
ment, ce qui me causa un grand chagrin. Quand on
eut fini de se battre, je m'empressai de retourner au
Patronage, pensant y trouver notre bon Père rendu à la
liberté; mais en route je rencontrai des pauvres qui
pleuraient et qui me dirent : « Ils l'ont fusillé ! ces
misérables... ils l'ont fusillé ! » et ils ne pouvaient se
consoler. Ce fut comme un coup de foudre pour moi.
Je ne savais si je devais continuer ma route ou retourner chez nous, tant j'étais troublé. Au fait, ils n'en sont
peut-être pas bien sûrs, me disais-je ; je vais finir de me
rendre au Patronage pour m'en assurer. Hélas ! cette
triste nouvelle n'était que trop vraie, ainsi qu'on nous
l'apprit : notre bon aumônier, notre père, avait bien
été mis à mort par ces brigands, et nous ne devions
plus le revoir ! »

L'enfant qui a dicté ces lignes demeure vivement im-
pressionné du souvenir de l'abbé Planchat. Il n'en parle
qu'avec la plus grande admiration, et est avide de ses
reliques. Pour lui, il est véritablement un martyr et un
saint.

Mme Planchat, à la première nouvelle de l'incarcération de son fils, était accourue en hâte à Paris. A force
d'instances, d'importunité et de courageuse audace, elle
parvint à se faire écouter des autocratiques fonction-

naires de la Commune. Elle leur avait arraché la permission de voir l'abbé Planchat, pour ainsi dire tous les jours. Elle n'en usa qu'avec mesure. Cette mère véritablement chrétienne craignit d'affaiblir le courage de son fils par des visites trop fréquentes. C'est par ses démarches multipliées au dehors, qu'elle préféra lui témoigner son dévoûment maternel. Elle trouva l'abbé Planchat accablé par la torture d'une réclusion, si contraire à son tempérament et à ses habitudes. Douée d'une force d'âme et d'une foi qui ne sont plus de notre temps, cette mère, si digne d'un tel fils, lui adressait ces admirables paroles :

« — Souvenez-vous qu'au collége, on vous avait surnommé le petit Saint-Vincent de Paul. Comme lui vous portez des chaînes qui ne vous étaient pas destinées (1) ; si vous avez imité sa charité, prenez-le pour votre modèle jusqu'au bout et ayez son courage ! »

Le médecin de Mazas, M. de Beauvais, remit à Mme Planchat un certificat qui attestait l'état grave de son fils, et l'urgente nécessité de le faire transporter dans une maison de santé. A ce certificat elle joignit une supplique qu'elle envoya au citoyen Protot, membre de la Commune, délégué à la Justice. A une nouvelle entrevue qu'elle eut avec l'abbé Planchat, elle le trouva opposé à son transfert hors de Mazas. Il s'imaginait qu'il y serait plus tôt libre que dans une maison de santé, où, pensait-il, il courait risque d'être oublié. Toujours l'idée des Pâques compromises et des premières communions de ses enfants ajournées, le poursuivait. Il pouvait être relâché, pensait-il, d'un moment à l'autre. Madame

(1) Madame Planchat se trompait. L'arrestation de l'abbé Planchat aurait eu lieu comme celle de tous les prêtres qui se dévouaient à l'Œuvre de Sainte-Anne, si le commissaire de la Commune les y eût trouvés.

Planchat ne se faisait pas ces illusions. Son instinct maternel l'éclairait sur le danger que courait son fils.

— Je sais bien, disait-elle, en sortant de le voir, que mon fils ne quittera la prison que pour aller au ciel; mais je l'offre à Dieu, et suis heureuse d'être la mère d'un martyr.

Malgré cette conviction elle continue ses actives démarches. Ne recevant pas de nouvelles de sa lettre au citoyen Protot, elle se résout à l'aller voir. Après avoir longuement attendu dans les salons du ministère de la justice, qu'elle avait fréquentés souvent du vivant de son mari et dans des circonstances bien différentes, on finit par l'introduire auprès du délégué, qui reçut en casquette et le cigare à la bouche, cette femme doublement respectable par l'âge et le malheur.

— Ah ! je sais ! vous venez réclamer votre calotin de fils, s'écria Protot, avec l'insolence particulière des fonctionnaires de la République démocratique et sociale.

— Oui, citoyen ! il est prêtre, c'est vrai, mais c'est un bon républicain.

— Comment cela ? continua le délégué toujours fumant.

— Avez-vous rencontré dans Paris un petit prêtre, au chapeau rougi, à la soutane râpée, aux souliers troués, la ceinture nouée autour du corps, portant sous le bras de petits livres et des médailles qu'il distribue à tout le monde, très-pauvre parce qu'il donne tout aux pauvres, n'allant chez les riches que pour y chercher des aumônes, parcourant, par tous les temps, les plus lointains faubourgs, grimpant dans tous les greniers, visitant les malades, secourant les misères les plus délaissées ? Citoyen, si vous avez rencontré ce prêtre là, eh bien, c'est mon fils !

— Les prêtres ! nous ne leur voulons pas de mal.

Qu'ils s'en aillent et qu'ils nous laissent élever tranquillement la jeunesse comme nous l'entendons, faire des hommes, en un mot, au lieu de les abrutir avec les superstitions et les absurdités de leur religion.

— Permettez-moi de vous demander, citoyen délégué, comment vous comptez former la jeunesse républicaine, quand vous vous serez débarrassés des prêtres.

— Nous ouvrirons des écoles où les enfants apprendront les mathématiques, l'algèbre, la chimie, la physique, l'astronomie, etc., etc.

— Je vous approuve, citoyen. Cependant je vous engage à ajouter à toutes ces sciences admirables un petit livre, qui apprendra aussi à nos enfants à obéir aux lois de la République; autrement, quand ils seront grands, ils pourraient bien travailler à la renverser. Or, le meilleur livre qui apprenne aux enfants l'obéissance aux lois de leur pays, c'est le catéchisme.

— Taisez-vous, vieille folle! et dépêchez-vous de vous en aller, ou je vous fais arrêter.

— Vous allez d'abord me donner un ordre, pour le directeur de Mazas, de faire transférer mon fils dans une maison de santé. Vous avez entre les mains le certificat du médecin de la prison qui le réclame d'urgence!

— Ceci ne me regarde pas, mais le comité de sûreté générale.

— Je vous demande pardon. Si je réclamais la mise en liberté immédiate de mon fils, vous auriez raison de me renvoyer à la sûreté! mais il ne s'agit que d'un changement de prison, instamment demandé par le médecin. Vous ne pouvez pas vous y opposer.

— Vous êtes une mère terrible; tenez, voici l'ordre que vous voulez. Allez-vous-en chercher votre fils, et ne me parlez plus de ce calotin-là!

Tel fut l'entretien, à peu près mot pour mot, de cette

mère avec l'homme qui représentait, dans le gouvernement nouveau, cette grande et sainte chose, sans laquelle toute liberté n'est qu'un mot, la Justice !

Dieu qui avait ses desseins sur son serviteur, le trouvait sans doute mûr pour le ciel, car il permit que cet ordre, qui l'eût sauvé, ne pût arriver à temps. Quand la pauvre mère se présenta à la prison avec le papier de Protot, les otages avaient évacué Mazas. Ils étaient à la Roquette. L'armée de Versailles pénétrait dans Paris. La guerre des rues était allumée de toutes parts. De formidables barricades interceptaient la circulation. Mme Planchat essaya de les franchir. Malgré son courage, sa constance, son désespoir, elle ne put y parvenir. Les mouvements rapides des troupes coupèrent toute communication avec les faubourgs insurgés. Sur la place de la Bastille, Mme Planchat fut saisie par les soldats, qui se méprirent sur son exaspération et l'arrêtèrent. Quand elle sortit de prison, son fils était martyr, et Paris, délivré !

A ceux qui veulent la consoler et la plaindre, elle répond :

— La mort de mon fils, un malheur ! mais c'est un honneur qu'il faut dire ! Je ne pouvais ambitionner pour lui, ni pour moi, une plus belle récompense.

VII

L'AGONIE

A peine la nouvelle de l'entrée des troupe est-elle parvenue à l'Hôtel de Ville, que la première pensée de ces hommes est moins la défense des positions si fortes qui leur restent encore, que l'exécution des quelques pauvres prêtres qu'ils font languir depuis deux mois en prison, sans interrogatoire, sans aucune forme de justice même sommaire. L'incendie de Paris et la mort des otages, voilà les premières mesures décrétées par ces sectaires de la fraternité universelle, au moment du péril !

Le lundi 22 mai, l'ordre fut donné de procéder sur l'heure et sur place à l'exécution de tous les otages renfermés à Mazas. Le directeur, peut-être par humanité, peut-être par prudence, résista et fit valoir qu'une exécution dans une maison de prévention serait un fait contraire à tous les précédents. En conséquence, il fut ordonné de surseoir et de transférer tous les prévenus de Mazas à la prison des condamnés à mort, à la Roquette (1).

(1) **Actes** de la captivité et de la mort des PP. Jésuites.

Vers cinq heures du soir avis fut donné aux prisonniers d'effectuer leurs préparatifs de départ. Ils furent bientôt faits et les otages durent comparaître devant un délégué de la Commune.

Un jeune séminariste de Saint-Sulpice, compagnon de M. l'abbé Seigneret, raconte que séparé de l'abbé Planchat depuis la préfecture, et transporté avec lui à Mazas, il ne le revit qu'à ce moment. Il occupa, avant de passer au greffe, la cellule d'attente mitoyenne avec celle de l'abbé Planchat qui était la dernière près du mur. « J'étais à côté de lui, dit-il, et lui parlai tout haut. Il me dit que nous allions à la Roquette. Je lui demandai l'absolution qu'il me donna sous condition. Quelques instants après, M. Planchat montait dans notre fourgon et se plaçait le dernier à droite, à côté de M. Allard. On se confessa. Le P. Olivaint se confessa à l'abbé Planchat. »

Montés dans des voitures de déménagement, les otages y restèrent plus d'une heure (1). Au dehors la foule était immense. Elle savait qu'on allait transporter le clergé à la Roquette. Elle frappait avec violence à la porte, menaçant de l'enforcer, si on ne l'ouvrait pas. « A la vue de cette foule d'enfants des deux sexes, de femmes du peuple, d'hommes en blouse à la figure sauvage, exaspérés poussant des cris d'une joie féroce, j'éprouvai peut-être la plus pénible impression de toute ma vie, dit M. l'abbé Perny, dont la relation initie si parfaitement aux épreuves subies par tous les otages. Ce flot populaire, grossissant de minute en minute, accompagnait la voiture. Les injures les plus basses, les vociférations les plus éhontées sortaient à la fois de toutes ces bouches hideuses à voir. Jamais, non jamais, vous ne sauriez

____

(1) M. Perny.

imaginer quelque chose d'aussi épouvantable. Je croyais voir une légion de démons acharnés à notre suite...

— « Arrêtez ! arrêtez ! à quoi bon aller plus loin. A bas les calotins ! Qu'on les coupe en morceaux ici ! N'allez pas plus loin ! à bas ! à bas ! »

« Vous eussiez dit une troupe de tigres altérés de sang.

« Les soldats de la Commune avaient peine à retenir ce flot populaire. La voiture allait au pas, comme pour nous laisser épuiser jusqu'à la lie ce calice d'amertume. Au lieu de suivre la grande voie des boulevards, on nous fit traverser la rue du faubourg Saint-Antoine et tous les quartiers si dévoués à la Commune. Il était environ huit heures du soir, quand nous arrivâmes à la Roquette... »

Ici commence la grande agonie qui s'est prolongée durant cinq jours pour l'abbé Planchat et ses compagnons. L'armée était dans Paris, occupant bientôt toute la rive gauche. La plupart des chefs de la Commune préparent leur fuite. Les autres, forcés de prolonger la lutte, se retirent sur les quartiers extrêmes et abandonnent l'Hôtel de Ville, sans oublier d'emmener avec eux les otages. Que comptent-ils en faire ? Veulent-ils les conserver comme gages pour sauver leurs têtes, ou bien les réservent-ils comment un holocauste de vengeance ? Les rares otages sauvés par miracle ont raconté cette tragédie. Chacune de ces cinq journées a sa péripétie spéciale. Celle du lundi reporte aux scènes des catacombes.

Nous avons dit qu'à Mazas on faisait remettre aux Pères de la Compagnie de Jésus quelques adoucissements au régime alimentaire de la prison. Par ce moyen et à l'aide d'un signe convenu, on put leur faire parvenir plusieurs fois la Sainte-Eucharistie. Qu'on se

figure la joie des saints confesseurs et leurs actions de
grâces au Seigneur, qui daignait venir les consoler
dans leurs angoisses! On savait le lundi 22 que la provision des Pères n'était pas épuisée; et cependant l'amie
dévouée, dont Dieu se servait pour ménager à ses serviteurs cette grâce insigne, se sentit pressée par une inspiration intérieure de la renouveler sans plus tarder.
Un peu après midi, une femme traversait les boulevards
de Montparnasse, de Port-Royal, de l'Hôpital et le pont
d'Austerlitz, au milieu du sifflement des obus. La route
était déserte. Elle put la franchir sans accident. Bientôt
tous ces quartiers allaient se couvrir de barricades. La
messagère du divin amour arrive à Mazas. Deux livres
qu'on lui remet de la part du Père Olivaint sont le signal
convenu qu'il a reçu avis de l'envoi sacré. Les précieuses provisions, transmises par un gardien fidèle,
arrivèrent exactement à leurs destinataires. Dans un
vase ouvert avec les précautions obligées, les Pères
trouvèrent pour chacun un petit sac de soie rouge, ren-
fermant une boîte qui contenait quatre hosties consacrées. Transportées à la Roquette, elles furent le Viatique de ces martyrs. Quelques heures plus tard, et cette
consolation suprême leur était refusée! L'amie des saints
confesseurs eût échoué dans son généreux dessein,
comme la mère affolée de l'abbé Planchat, ayant obtenu
la grâce de son fils et ne pouvant la lui porter. Mais la
charité est plus forte que la mort. Elle inspirait celle
qui, franchisant tous les obstacles, leur apportait, avec
un si grand courage, le pain des forts!

Le récit de l'abbé Perny relate, pour ainsi dire, heure
par heure, les péripéties du drame terrible qui touche
à son dénoûment, et raconte les émotions successi-
ves de découragement, d'espérance ou de terreur, des
infortunées victimes dont se jouaient avec tant de bar-

barie les tyrans qui touchaient au terme de leurs for-
faits. On nous permettra de reproduire les passages
où l'auteur retrace ces impressions communes aux autres otages ; elles furent celles de l'apôtre dont nous
avons entrepris de raconter la sainte vie et les douleurs
suprêmes.

La journée du mardi contrasta avec les émotions de la
veille. Elle fut consacrée tout entière à l'effusion de ces
saintes âmes et aux consolations célestes.

« Vers huit heures du matin, dit l'abbé Perny, on
ouvrit nos cellules, et, à notre profonde surprise, on
nous permit de nous réunir tous dans le corridor, pendant que les domestiques nettoyaient ces cellules. Vous
comprenez avec quelle effusion de cœur, avec quelle
tendre charité tous ces condamnés à mort s'embras-
sèrent et quelle fut leur joie de pouvoir, après la dure
et longue captivité de Mazas, épancher leurs cœurs les
uns dans les autres. Un bon nombre d'entre nous ne se
connaissaient pas ; mais les douleurs d'une même captivité produisirent incontinent un lien étroit d'affectueuse amitié entre nous tous...

« Vers neuf heures, on nous fit rentrer dans nos cellules. Cette entrevue commune avait été une immense
consolation pour le cœur de tous, malgré la gravité de
la situation.... Du sein de nos cellules nous entendions,
avec une profonde douleur, la bataille qui se livrait dans
divers endroits de la ville. L'écho violent et répété du
canon, le sifflement aigu et continuel des obus tombant
avec fracas, les incendies qui se manifestaient de divers
points, tout annonçait l'heure de la lutte suprême entre
la Commune et l'armée régulière. Il ne fallait aucun ef-
fort d'esprit pour se sentir sous la main de Dieu, et porté
au plus profond recueillement. On commençait à compter son existence par les minutes qui s'écoulaient. Le

moindre bruit dans le corridor nous tenait en sus-
pens.... Vers midi, nous eumes un autre sujet de joie
et d'étonnement tout à la fois. On nous accorda la récréation en commun, dans le préau qui longe trois corps
de bâtiments de la prison. Les dix otages ecclésiastiques
de la troisième division furent envoyés avec nous dans
le même préau. Chacun s'empressa autour de Monseigneur l'Archevêque, qui se montra aimable à tous, malgré les grandes souffrances corporelles qu'il ressentait.
Puis on se forma en groupes, passant de l'un à l'autre,
afin d'avoir la consolation de se saluer mutuellement.
Pendant ces moments de récréation, on se prodiguait
mutuellement les consolations et les secours de la religion. Je me plaisais à contempler le spectacle de tous
ces otages condamnés à une mort qui me semblait certaine. Quelle dignité, quel calme, quelle résignation aux
desseins du ciel! Chacun d'eux avait un doux sourire
sur les lèvres. La dure captivité ne semblait peser à personne... Plusieurs otages laïques m'ont fait part spontanément de leur admiration, à la vue de tous les otages
ecclésiastiques, si pleins de mansuétude à l'égard de nos
bourreaux, et si calmes, malgré le danger qui nous menaçait tous. »

A ces renseignements précieux, nous pouvons joindre
aujourd'hui quelques détails particuliers à notre cher
martyr, recueillis auprès de plusieurs de ses compagnons miraculeusement échappés à la mort.

M. D., du séminaire Saint-Sulpice, nous rapporte
que la cellule de l'abbé Planchat était placée entre celle
de l'abbé Seigneret et du bon Père Houillon, picpucien,
tous deux massacrés avec lui rue Haxo. M. Planchat et
M. Seigneret eurent ensemble beaucoup de rapports spirituels. « M. Seigneret me raconta, dit l'abbé X..., qu'il
faisait ses oraisons, lectures, prières, en commun avec

son voisin. M. Planchat faisait chaque matin à haute voix la méditation pour lui et M. Seigneret. »

Le R. P. Sosthène Duval, de Picpus, a conservé d'intéressants détails sur l'abbé Planchat, relatifs à cette journée du mardi. Il le reconnut dans la cour, où, pour la première fois depuis leur longue détention, on permit à ces saintes victimes de se voir et de s'entretenir. «Il était pâle et paraissait avoir beaucoup souffert.. Nous passâmes presque toute la récréation ensemble... Pendant que nous causions, on l'appela pour recevoir des provisions qu'on lui apportait. Il me quitta et revint bientôt en me disant que c'était la mère d'un enfant qui avait fréquenté le Patronage, qui lui envoyait des provisions. Un instant auparavant, je l'avais vu manger un morceau de pain d'épices (1). Il était midi ; nous avons seulement reçu à huit heures et demie notre pain de munition et notre bouillon. Je lui parlai de ses pauvres enfants ; il me dit qu'il en écartait le souvenir de sa pensée, parce que cela lui causait trop de peine... »

« Le mardi soir, écrit M. D., de Saint-Sulpice, au moment où le bombardement et l'incendie commencèrent, ces deux messieurs (l'abbé Planchat et l'abbé Seigneret) récitèrent le rosaire jusque bien avant dans la nuit ; il y avait émoi dans la division à cause des incendies. De plus, on y parlait, ce qui était défendu ; aussi le fédéré, de faction sous nos fenêtres, était-il furieux. Il se fâcha, tempêta, blasphéma, menaça, enrageant de ne pouvoir mettre fin à ces prières. Ces messieurs ne se troublèrent pas et continuèrent de réciter à haute voix le rosaire, jusqu'à ce que les autres otages les eussent invités à cesser, pour ne pas exaspérer da-

____

(1) Provenant sans doute des provisions distribuées par le P. Olivaint.

vantage le malheureux factionnaire, et respecter le repos de la nuit. »

Ce fut dans cette journée du mardi que les saintes hosties apportées la veille de Mazas, furent partagées entre tous les prêtres. Chacun d'eux en réserva une parcelle pour communier en viatique, au moment de la mort. Notre cher martyr se confessa donc et reçut, comme ses confrères, le dépôt sacré pour l'heure suprême. Une lettre datée de ce jour témoigne, autant qu'il était possible de l'exprimer, que ses dispositions dernières étaient prises. C'est son testament.

Grande-Roquette, 4e section, no 17. — 23 mai 1871.

« Mon cher ami,

« Étant otage et au dépôt des condamnés, j'ai quelques dispositions nécessaires à prendre.

« La plus urgente est relative aux messes dont je restais chargé au 6 avril, jour de mon arrestation. Elles sont au nombre de quarante-et-une. Il serait urgent que l'on commençât de suite à les acquitter. Si vous pouvez trouver quelqu'un qui les acquitte par charité, tant mieux ; sinon, vous pouvez garantir que ma mère les soldera, sitôt qu'elle pourra être avertie par vous ;

« 2° J'ai quelques dettes bien anciennes ; quelques-unes vraiment criantes, surtout celle de Spinondy : si ma mère pouvait l'acquitter de suite ? (Spinondy, cordonnier (1), 238, rue de Montreuil, à Charonne.) Si ma mère était partie, priez mon frère de donner d'urgence un à-compte. Faire savoir à ma mère que, si je suis exécuté, je compte sur elle pour payer mes dettes charitables ; je n'en ai du reste pas d'autres. Vous savez quels sont mes fournisseurs.

(1) C'était un fournisseur pour les pauvres.

«Prière de communiquer ma lettre à mon frère, à qui j'écris seulement mon transfèrement ici.

« On me dit que l'on peut recevoir ici à manger ; si vous pouvez continuer comme à Mazas, cela me ferait plaisir.

«S'il se pouvait, sans que cela eût aucun inconvénient, me faire parvenir une bonne parole de mon vieil ami, M. Le Prévost (1), cela me ferait plaisir.

« Nous avons pu nous confesser. Priez et faites prier pour nous tous, pas seulement pour moi.

« Adieu, mon cher ami, faites toujours à nos chers enfants et à tous le plus de bien que vous pourrez ; la récompense, là-haut, est infinie.

« Votre ami bien affectionné et bien reconnaissant.

« L'abbé PLANCHAT, prêtre.

« Pardon de toutes mes méchancetés envers vous et envers tous. Mille choses à tous ; adieux de précaution ; en particulier à MM. Ernest, Charles B***. »

« Le mercredi 24 mai (2), la lutte entre les fédérés et l'armée régulière était bien vive. Les incendies de certains monuments projetaient dans l'air des nuages de fumée si épaisse, que les rayons du soleil en étaient obscurcis. On aurait dit dans nos cellules une véritable éclipse. Le bruit du combat se rapprochait de nous. Les armées étaient de plus en plus aux prises. Notre cœur palpitait d'émotion. Quelle situation que la nôtre ! Nos amis ignoraient le péril immense que nous courrions. Ils ne savaient même pas que nous étions à la Roquette.

(1) Prêtre et supérieur général de la congrégation dont il faisait partie et qu'il désigne avec précaution, de peur de le dénoncer aux misérables par les mains desquels il sait que sa lettre doit passer.

(2) L'abbé Perny.

«A notre entrevue commune du matin, il me sembla lire sur la plupart des figures une lueur d'espérance.... La sérénité des figures était plus sensible, l'épanchement des cœurs plus touchant que la veille encore.... Au moment où le surveillant nous fit signe que l'heure de la récréation était terminée, j'entendais la plupart de mes collègues manifester la joie, la consolation que leur procurait cette entrevue. *Frater adjutus a fratre quasi turris firmissima.* C'est sous cette douce impression que chacun regagna sa cellule.

«Les membres de la Commune devaient être alors dans une étrange perplexité. Ils s'étaient imaginé que l'armée régulière allait perdre le temps à prendre en face barricade par barricade. Ces jeunes insensés croyaient à une défense qui pouvait durer plusieurs mois. En trois jours seulement tous leurs plans se trouvaient ruinés. Ils étaient poursuivis, chassés, délogés avec tant d'énergie et d'ensemble que le désarroi se mit parmi eux. La fameuse assemblée se transporta dans la mairie du XIe arrondissement, fortifiée d'une manière formidable. C'était son dernier retranchement. C'est de cette mairie que la Commune lança l'ordre de massacrer immédiatement 68 otages, surtout les prêtres, parce que, disait le mandat, les *bandits de Versailles* auraient tué quelques officiers de la Commune pris à la barricade de la rue Caumartin.

« Le greffier de la Roquette, en recevant ce mandat des mains d'un citoyen aviné, fut frappé de consternation.

« — On a mis à mort quelques prisonniers de la Commune. C'est déplorable assurément, mais il doit y avoir une erreur de l'écrivain du mandat. On ne peut ordonner l'exécution de soixante-huit otages pour deux ou trois victimes. Je suppose que c'est cinq ou six au plus qu'on a voulu dire. Retournez donc à la Commune faire rectifier cette erreur.

« Le mandat portait en outre que cette affreuse besogne fût exécutée à six heures précises de ce même soir.
L'officier de la Commune, calmé par les paroles du greffier, revint quelque temps après avec un mandat corrigé.
On réclamait cette fois l'exécution de six otages choisis
parmi les prêtres; sur la liste, le nom de M. Bonjean se
trouvait porté.

« — Ah ! fit le greffier, voilà encore une erreur, il convient que les choses se fassent en règle. Retournez donc
à la Commune. Il y a le nom de ce laïque à supprimer,
et celui de deux ou trois otages encore.

« L'officier fut inflexible; aucune parole ne put le
persuader de faire cette démarche. Le nombre des victimes se trouva donc fixé à six. C'est ainsi qu'au lieu de
six heures du soir, l'exécution se trouva forcément re-
tardée de deux heures.

« Vers huit heures du soir, le mercredi 24 mai, le corridor de notre IVe division fut envahi par un détache-
chement de fédérés. Ce détachement était composé de
Vengeurs de la Commune et de soldats de différentes
armes. Leur chef laissait traîner son bancal avec fracas
sur le pavé, en envahissant notre corridor. Il parlait
très-haut. Son arrivée et celle de ses séïdes causèrent,
j'en suis persuadé, une grande émotion dans la cellule
de tous les prisonniers.

« — Oui, criait-il, il faut enfin que tout cela finisse.

« Il achevait ces paroles de cannibale en passant devant ma cellule. Un de ceux qui le suivaient prononça
ces paroles sauvages :

« — Ah ! cette fois nous allons les coucher.

« Je m'étais approché de la porte; ces dernières paroles me glacèrent d'effroi. Je me jetai aussitôt à genoux
sur ma paillasse pour offrir ma vie à Dieu.

« Cette horde de barbares continua sa marche jusqu'à
l'extrémité du corridor.

« Là quelqu'un d'entre eux s'écria :

« — Attention, citoyens, répondez à l'appel de vos noms.

« — Êtes-vous le citoyen Darboy?

« — Non, fit le détenu.

« C'était M. l'abbé Guérin, qui, par un mouvement involontaire, saisit la liste que l'un deux portait à la main. On ne lui laissa que le temps de voir les premiers noms.

« — Citoyen Darboy !

« Monseigneur, dit-on, répondit d'une voix accentuée :

« — Présent !

« Sa cellule fut ouverte. Le prélat sortit et se trouva en présence de ces monstres humains. La disposition du lieu, jointe à l'obscurité de la nuit, ne permettait à personne de voir ce qui se passait dans le corridor. L'appel fut continué cinq fois de la même manière. J'entendis distinctement la réponse de M. Allard. Les six victimes sont connues.

« Mgr Darboy, archevêque de Paris.

« M. Deguerry, curé de la Madeleine.

« M. Bonjean, premier président.

« Le P. Ducoudray, supérieur de l'institution Sainte-Geneviève, de la rue des Postes.

« Le P. Clerc, de la même maison.

« L'abbé Allard, aumônier des ambulances.

« Brutalement enlevées à cette heure, comme si les bourreaux avaient redouté la lumière du jour pour exécuter leur forfait, ces illustres victimes furent aussitôt conduites par le petit escalier tournant qui mène au préau où nous prenions nos récréations... A peine cette bande de cannibales eut-elle disparu de notre corridor avec les victimes, que je me levai pour prier en m'appuyant sur ma fenêtre qui était ouverte. Dix minutes, un quart-d'heure environ s'était à peine écoulé, que le cortége arriva sous ma fenêtre. Je tressaillis à cette vue. Je m'inclinai aussitôt, après avoir donné toutefois, en élevant la main, une absolution à ces victimes. Le brigadier marchait en tête, les mains dans ses poches. Derrière lui, les victimes étaient entourées par ies soldats marchant dans une espèce de désordre.

« Mgr l'archevêque donnait le bras à M. Bonjean; M. Deguerry donnait le sien au P. Ducoudray, le P. Clerc et M. Allard venant en dernier lieu. Ce dernier portait son brassard d'aumônier et tous les autres insignes... J'ai cru remarquer que le chef de la bande terminait le cortége; son bancal traînait à terre. Deux ou trois gardiens suivaient. Arrivés à l'angle du second mur d'enceinte, à l'endroit même où l'exécution allait avoir lieu, les victimes se seraient mises à genoux pendant quelques secondes..... Placées environ à deux mètres de distance du mur, sur une même ligne, ainsi que cela paraît visible par les balles qui ont atteint le mur, les victimes tombèrent bientôt sous un feu de file en désordre. Un bon nombre d'otages de notre corridor entendirent distinctement cet horrible massacre. Il était environ huit heures et demie du soir.

« Quel silence dans notre corridor ! On respirait à peine. Chacun de mes bien aimés frères en Jésus-Christ pensait sans doute comme moi, que notre dernière heure était arrivée, que dans quelques instants cette horde de barbares allait rentrer à la prison et faire un nouvel appel. Prosterné sur ma couche, je récitais les psaumes de la pénitence, puis les prières de la recommandation de l'âme.

« Entre onze heure et minuit, un nouveau bruit se fait entendre dans l'escalier. Je me levai, prêt à partir au premier signal... Quelques-uns de ces sicaires, accompagnés sans doute de surveillants, remontèrent à notre étage pour enlever les effets de leurs victimes. Ils se retirèrent peu de temps après. Le directeur de la prison ou l'un des brigadiers, revint au bout d'une demi-heure. Ce fut encore une nouvelle émotion dans les cellules. On fermait les portes et les grilles des avenues. J'entendis distinctement ces paroles :

« — S'ils reviennent, je vous défends d'ouvrir.

« C'est alors que je compris que cet ordre devait venir du directeur de la Roquette.

« Toute nouvelle exécution, au moins durant cette nuit, était donc suspendue. »

« Vers dix heures du matin, le jeudi 25 mai, j'entends les pas de deux ou trois surveillants qui franchissent notre corridor. Ils gardent le silence en marchant. Au côté opposé à ma cellule, une porte s'ouvre. Je ne puis distinguer les paroles échangées avec le prisonnier. Mon œil demeure fixé au vasistas de ma porte. Après quelques minutes seulement, je vois repasser devant ma porte les mêmes employés de la prison, accompagnant un otage. C'était le banquier du Mexique, M. Jecker. Il est probable qu'on l'invita tout simplement à se rendre au greffe sans autre explication; le banquier n'a pas reparu. Il a été certainement exécuté...

« Je n'ai pas besoin de vous dire les sentiments qui animaient les otages à la première entrevue commune qui suivit le martyre de Mgr Darboy et de ses compagnons. Chacun s'empressa auprès de messieurs les vicaires-généraux de Mgr l'archevêque... Tous les otages se promènent par petits groupes, passant des uns aux autres. Mais les figures sont moins épanouies que le jour précédent. On lit sur chacune d'elles l'empreinte d'un

recueillement tout céleste. Chacun se disait sans doute :
« Demain, je ne serai probablement pas ici. »

« Durant cette récréation, M. l'abbé Bécourt, curé de
Bonne-Nouvelle, proposa le vœu de dire une messe, le
premier samedi de chaque mois, pendant trois années,
si les otages obtenaient leur délivrance.

« Ce pieux projet fut accepté avec empressement par
chacun de nous. M. l'abbé Petit, secrétaire général de
l'archevêché, rédigera une feuille commémorative de
ce vœu, si nous échappons à la fureur de nos ennemis.
L'heure de la récréation terminée, on se salue mutuellement, avec l'intime conviction qu'un bon nombre
d'entre nous ne se reverraient plus ici-bas.

« ... Le jeudi, à la grande récréation qui suivit la première exécution, dit M. D., de Saint-Sulpice, et dans
laquelle tout le monde régla son compte avec Dieu,
M. Planchat confessa Moreau, simple fédéré, fusillé avec
lui, rue Haxo, et d'autres probablement ; mais je remarquai spécialement M. Planchat se promenant avec ce
bon fédéré, en blouse bleue, qu'il tenait par le bras... »

Le R. P. Duval raconte avec d'autres détails cette récréation du jeudi, veille de l'exécution ; « Je le vis, dit-
il, se promener avec M. Sabatier, et les ayant observés,
je vis qu'ils se confessaient l'un l'autre. M. Planchat
tenait son crucifix dans sa ceinture, et je le vis le présenter à baiser à M. Sabatier. Quelque temps après,
M. Planchat se promenait seul, tenant son crucifix à
demi caché sous sa soutane, il passait à côté des divers
groupes d'otages, regardant devant lui comme un
homme qui guette quelqu'un ou qui attend. On voyait
qu'il ne voulait se mêler à aucun groupe en récréation.
Pour moi qui le connaissais, il ne fut pas douteux qu'il
n'épiât l'occasion favorable pour prendre à part quel-

qu'un des otages laïcs, et l'engager à penser à son âme ;
aussi, ne fus-je nullement surpris de le voir ensuite se
promener seul avec un otage, vieux garde national,
pauvre homme, à qui ses co-détenus faisaient l'aumône,
et je fus persuadé qu'il était alors occupé d'une de ces
œuvres de zèle, comme il en accomplissait autrefois
avec tant d'ardeur et de succès..... »

M. D., de Saint-Sulpice raconte un trait de son zèle
pour les âmes encore plus touchant que tous ceux que
nous avons cités.

« M. Planchat m'a raconté qu'il avait essayé de
donner l'absolution aux gardes républicains qui passaient la récréation sous nos fenêtres, de dix heures à dix
heures demie. Tendant la main aux travers des bar-
reaux de sa cellule, le prêtre avait fait le signe de croix
et absous sous condition... »

Quelle flamme le cœur de Jésus avait allumé dans
son serviteur ! La menace de la mort la plus imminente,
l'attente plus cruelle que la mort même, rien ne peut
affaiblir le zèle qui le dévore. Cette passion invinci-
ble pour les âmes confond et touche jusqu'aux larmes.
La mort d'une telle victime n'est pas un hasard poli-
tique. C'est le couronnement et le triomphe d'une vie
consumée déjà dans le sacrifice et immolée par l'ardeur
de la charité.

« La journée du jeudi s'achève dans le calme à l'intérieur (1). Mais l'acharnement de la lutte, entre les insurgés et l'armée régulière, devient de plus en plus vive.
La fusillade ne cesse pas. La détonation ressemble à
celle d'une poudrière qui éclate. Les incendies se mani-
festent dans toutes les directions de la ville... A la nuit
tombante, je remarquai des allées et venues de soldats

(1) L'abbé Perny.

fédérés dans le préau qui est sous mes fenêtres. Cela me semble un signe de mauvaise augure pour la nuit qui va commencer. Il me paraît même que les postes ont été doublés... Le silence continuant à être profond dans la maison jusqu'à deux heures du matin, je conclus que nulle exécution n'aurait lieu avant le jour...

« Il est certain que le vendredi matin, je m'étonnais d'être encore en vie. Je me demandais si mon existence était bien une réalité. Je suis persuadé que ce sentiment étrange était celui de la plupart d'entre nous. Au fond nous avions raison de penser ainsi... On disait que le membre de la Commune, chargé d'apporter au directeur de la Roquette l'ordre d'une nouvelle exécution, n'aurait pu parvenir jusqu'à la prison, à cause des mouvements stratégiques de l'armée qui investissait de plus en plus les derniers retranchements de la Commune... Ce délai donnait une lueur d'espérance de salut... Quelques bombes des fédérés, qui avaient établi des batteries au Père-Lachaise, tombèrent sur la prison de la Roquette. Au lieu de causer de la frayeur, cet accident causa à tous une véritable joie. Plusieurs prisonniers faisaient déjà leurs petits préparatifs de départ, car ils supposaient que, les obus continuant à tomber sur l'établissement, on ferait nécessairement ouvrir les portes. On assurait que le directeur de la prison avait tout disposé pour sa propre fuite, dès que le moment serait venu.

« Le temps était à la pluie, le vendredi 26 mai. On ne nous conduisit point dans le préau de la promenade. Les grilles qui sont aux extrémités du corridor furent fermées. On nous permit de sortir et de nous promener dans ce corridor. Chacun souffrait de la faim. Notre sentence de mort nous menaçait de minute en minute. Le bombardement qui avait lieu depuis le cimetière du Père-Lachaise, causant un certain désarroi dans la prison, on nous laissa plus longtemps ensemble dans ce couloir. J'en tirais du reste un présage de sinistre augure, car j'avais remarqué, le mercredi, qu'après nous avoir fait remonter du préau dans notre étage, on nous avait laissés libres de rentrer dans nos cellules ou de continuer la récréation dans le corridor. »

Enfin, le moment du sacrifice, ou plutôt de l'immolation, est arrivé, car il y a longtemps que le sacrifice de leur vie est consommé dans le cœur des victimes par l'oblation volontaire et la soumission à la volonté de Dieu. Le crime le plus odieux et le plus inutile, le plus barbare et le plus sacrilége, qui ait été commis peut-être par la révolution, va s'accomplir, avec des circonstances tellement atroces qu'il n'a pas d'exemple dans aucune nation civilisée.

Et ce sont les hommes qui vont l'ordonner et l'exécuter qui se prétendent les libérateurs de l'humanité, les fondateurs de la liberté, de l'égalité et de la fraternité dans le monde, les apôtres de la liberté de conscience; et, pour mettre le comble à leur hypocrisie, les ennemis jurés de la peine de mort!

Qu'on ne l'oublie pas, pendant ce lugubre récit qu'il faut raconter rapidement et qui ne peut plus s'interrompre, cette immolation sauvage va être exécutée sans doute par une tourbe sans nom, laquelle ne mérite pas même celui de populace, enivrée de colère, abrutie par la fureur, inconsciente peut-être du crime horrible qu'elle va commettre; mais il y a un coupable, et, si ce n'est pas cette meute affolée de femmes et d'enfants, quels sont donc ceux sur qui doit retomber la responsabilité de ce massacre infâme?

Les feuilles dites radicales, en rendant compte des séances du conseil de guerre qui a jugé les principaux assassins de la rue Haxo, ont cru devoir ne pas se servir du mot de *massacre*, mais de celui d'*exécution*.

L'exécution des otages, comme on dit l'exécution de Tropmann ! Ne cherchons pas ailleurs les vrais coupables, les auteurs responsables, sinon devant la justice des hommes, au moins devant celle de l'histoire, en attendant celle de Dieu ! Les voilà ! Ce sont ceux qui, depuis quarante ans, s'attachent quotidiennement à exciter la haine du peuple contre le prêtre, contre la religion, contre ses institutions, mentant à l'histoire et se livrant avec une sorte de rage à cette lâche besogne d'insulter et de calomnier des hommes auxquels il est défendu de se défendre de l'outrage, et qui n'ont que le droit de se taire et de pardonner. Sans doute ces écrivains se payent de sophismes et se défendent d'avoir armé par leurs doctrines impies et leurs attaques incessantes le bras des assassins. Ils s'imaginent faire métier d'honnêtes gens et opérer la diffusion des lumières en combattant ce qu'ils appellent l'obscurantisme. Voilà leurs œuvres ! Les assassins, en tuant, répétaient leurs maximes, et François, le galérien, chef de la prison de la Roquette, en livrant les otages à leurs meurtriers, s'écriait : « Voilà dix-neuf cents ans que les prêtres nous gênent ; qu'ils y passent tous ! »

Les fédérés qui arrêtèrent, au bureau des passe-ports de la préfecture de police, l'abbé Seigneret et ses compagnons du séminaire Saint-Sulpice, leur disaient : « Jamais nous ne vous rendrons tout le mal que vous avez fait. »

Quel est le langage de la presse dite démocratique et radicale ? Elle développe la même idée dans toutes ses colonnes, en tête, en queue, en feuilleton ; et le peuple, qui est logique, que la passion rend ivre et qui va droit au fait, après avoir lu, tue !... Ce qui n'empêche pas ces braves messieurs de continuer et de répéter maintenant comme toujours, comme sous l'empire et comme sous la Commune : « Plus de religion, plus de prêtres ! » Les cadavres de la Roquette et de la rue Haxo ne leur ont rien appris.

Ce n'est pas la première fois que la révolution trempe ses mains dans le sang des prêtres ; mais, en 93, les assassins, avant de les massacrer, usaient encore d'un simulacre de formes judiciaires. Les assassinats sans jugement n'eurent guère lieu qu'en septembre 1792. Et puis les prêtres avaient occupé le plus haut rang et partagé le plein pouvoir sous l'ancien régime. Qu'est-ce que la Commune avait à reprocher aux prêtres qu'elle a arrêtés et assassinés ? Absolument rien, sinon les torts reprochés à l'Église par la presse révolutionnaire. Les prêtres qu'elle a sacrifiés étaient les plus charitables et les plus populaires. Aussi ne s'est-elle pas risquée à les mettre en jugement, ni à les interroger. On les a tués, non-seulement sans les entendre, mais même sans les accuser. Leur mort a été un assassinat pur et simple, et comme il n'a eu pour prétexte que leur caractère de prêtres catholiques, ils ont été immolés manifestement, en haine de la foi. Chrétiens soumis, tout en nous abstenant de leur rendre aucun culte avant que l'Église ait prononcé, nous les saluons déjà dans notre légitime enthousiasme du nom de martyrs !

Maintenant commencent les dernières scènes de ce que l'on a si justement appelé leurs *actes*. Nous les avons pieusement recueillis de la bouche et des écrits de leurs témoins. Nous nous efforcerons de les rapporter avec la simplicité qui est demeurée jusqu'à la fin le caractère de leur sacrifice, et comme le parfum qui s'exhale de leurs tombeaux.

VIII

L'APPEL DES VICTIMES

La journée du vendredi fut affreuse. Le temps était brumeux. La pluie tombait sans discontinuer. Le ciel, chargé de nuages, était encore obscurci par le voile sombre de la fumée des incendies, allumés de toute part dans Paris. Le canon du Père-Lachaise, si près de la Roquette, tonnait sans cesse, et le crépitement de la fusillade retentissait au loin. Les obus tombaient dans la prison. Les vivres manquaient, et les sinistres geôliers en désarroi préparaient leur fuite. Au milieu de ce tumulte et de cette stupeur, les otages, qui étaient les plus menacés, demeuraient calmes et tranquilles. Sans doute, chez eux, les dispositions devaient être diverses, mais ils possédaient un trésor commun, la prière et la paix !

Toutes les tortures de cette journée n'ont pas encore été racontées. Les dépositions des témoins, les interrogatoires des accusés, devant le conseil de guerre, n'ont pas levé tous les voiles ; mais des faits inconnus, des détails du plus vif intérêt ont été néanmoins mis au jour. Nous les avons patiemment extraits des longs

débats sténographiés. Ils donneront au récit des lumières nouvelles.

L'appel des victimes fait vers quatre heures et demie,
et que toutes les relations ont rapporté, ne fut pas le
seul, paraît-il, que les otages eurent à subir dans les
dernières heures de leur longue agonie. « Déjà, vers une
heure et demie, ou deux heures, dépose M. Rabut, le
brigadier Ramain était monté dans le corridor, avec
une liste pour appeler un certain nombre de personnes,
qui, sans doute, étaient dans une autre partie de la prison. Personne ne répondit. Nous pensâmes que c'était
des victimes qu'on venait appeler, et qu'on se trompait
d'étage. »

Aucune relation, avant le procès, n'avait parlé de
cette épreuve infligée si cruellement à ces malheureux,
depuis trois jours entre la vie et la mort.

Sans doute cet appel a précédé la récréation commune
que les otages prirent dans le corridor. La plupart
étaient enfermés dans leurs cellules quand il eut lieu ;
absorbés dans de pieuses méditations, ils n'y firent pas
attention. Plusieurs d'entre eux, même, n'entendirent
pas d'abord l'appel définitif, et c'est, il nous semble, l'un
des traits les plus admirables de la force de ces âmes
généreuses, qui n'a pas été assez remarqué. M. le curé
de Saint-Severin laisse à entendre qu'au moment du
dernier appel, il prenait son repos dans sa cellule, et
que c'est la voix de Ramain, dans le silence de la prison, qui l'a réveillé. Le calme de ces âmes, toutes sous
le coup d'une mort imminente, est vraiment sublime.

« Le vendredi, dit M. l'abbé de Mauléon, curé de Saint-
Severin, a commencé à peu près comme à l'ordinaire ;
nous espérions que la délivrance approchait ; la fusillade se faisait entendre près de nous ; nous entendions

la bataille et les avantages qu'on prenait sur les révol-
tés, et même plusieurs des gardiens nous avaient affirmé
que le lendemain ne se passerait pas sans que nous fus-
sions délivrés.

« Vers le soir, dans l'après-midi, nous avons été éton-
nés, et personnellement, j'ai été quelque peu inquiété,
de voir qu'on nous laissait une assez grande latitude de
parcourir le corridor de la division dans laquelle nous
étions détenus. Cette liberté se prolongeant, j'en fus même
très-fatigué ; j'étais assez malade, et je suis rentré dans
ma cellule pour lire le bréviaire. Tout à coup, m'apercevant qu'un silence général règne dans la division, j'entends les noms qu'on appelait, et entr'autres celui de
mon voisin de cellule. Ce nom me retentit au cœur ; je
devine en partie la réalité, et pensant que mon nom
pourrait être appelé comme les autres, je suis sorti pré-
cipitamment de ma cellule pour aller au lieu de l'appel.
C'était un brigadier Ramain m'a-t-on dit, qui faisait
cet appel, et j'écoutai jusqu'au bout les noms. Après les
noms appelés, plusieurs ont dit : « Mais où faut-il aller ? »
Et une voix, je crois que c'est celle qui faisait l'appel,
répondit : « Descendez au greffe ! »

Chaque témoin survivant de cette scène lugubre apporte un détail nouveau qui la complète et la fait revi-
vre aux yeux du lecteur.

L'appel n'a pas commencé tout de suite au milieu du
corridor, dans l'espace ménagé par la suppression de
deux cellules, et où se trouve la seule fenêtre qui éclaire
ce lieu sinistre. Le premier appel, déposent M. l'abbé
Taurel et M. Chevriaux, eut lieu à l'entrée du corridor.
Le premier nom que prononça Ramain fut : « Tuffier, »
je me trouvais moi-même à l'entrée du corridor, dans
une embrasure où se tenait Langbein le surveillant, et
je répétai machinalement le nom de Tuffier, n'ayant pas

compris, dans le ton de Ramain, qu'il s'agit d'une chose aussi détestable; mais bientôt Ramain prononça plusieurs autres noms, et aussitôt les otages se réunirent autour de lui. C'est alors qu'il recommença plus solennellement et reprit l'appel des otages... »

Il avait alors pris place dans l'espace décrit plus haut.

— M. Evrard apporte dans sa déposition un détail qui peint bien l'insouciance des bourreaux. « Ramain, dit-il, avait un cigare à la bouche; il l'a jeté et fait l'appel. »

« Le papier qu'il tenait, ajoute M. l'abbé Taurel, n'était, autant que je puis m'en souvenir, qu'un simple papier assez étroit et très-peu long... »

« Le brigadier vint dans notre corridor, dit l'abbé Perny, et s'écria : « Faites attention ! faites attention, messieurs ! répondez à l'appel de vos noms, il nous en faut quinze !... »

« En entendant ces paroles, je dis à l'un des otages : « Mais c'est affreux, ces paroles ! Il nous en faut quinze ! »

« ... Nous nous sommes rangés autour de lui, dit M. l'abbé de Marcy, et il a appelé un certain nombre de noms. A un moment le ton de celui qui faisait l'appel a été rude et assez grossier. Je ne crois pas me souvenir d'aucune parole grossière proprement dite, mais la voix était brusque, et à un moment, lorsqu'un de ceux qui étaient appelés fit attendre sa réponse, — le Père Caubert, je crois, qui était rentré dans sa cellule, — il témoigna une grande impatience, tellement que je lui répondis, au milieu du silence général : « Que l'on pouvait bien avoir quelque hésitation dans une circons-

tance comme celle où nous étions. » Il me répondit :
« Il s'agit seulement de descendre au greffe. » Et je lui
répondis à mon tour : « Nous sommes payés pour savoir de quoi il en retourne. »

« Dans le premier appel, il ne put pas bien lire le nom
du Père de Bengy; il disait : « Bigy ! Binigy ! » Le Père
s'avança et dit : C'est moi ! et il alla prendre place parmi
ceux qui avaient été appelés.

« Quand les otages furent réunis, il fit un second appel, et encore à ce moment-là, le Père de Bengy qui
voyait qu'on ne lisait pas bien son nom, lui dit : « C'est
moi ! »

« Lorsque (1) Ramain voulut faire défiler les otages
pour les conduire au greffe, en disant : « Ce n'est rien,
il s'agit simplement de descendre au greffe pour parler
au directeur, » il y eut un mouvement parmi les otages.
M. de Mauléon, curé de Saint-Severin, lui dit d'une manière assez vive : « Où menez-vous ces gens-là ? Voulez-
vous les fusiller ? » C'est à ce moment que le Père
Radigue demanda la permission d'aller chercher son
chapeau, et que Ramain lui répondit que ce n'était pas
la peine, qu'il n'avait qu'à descendre. A un autre, pour
des souliers, il fit la même observation.

— « Oh ! ce n'est rien ; il s'agit simplement de les
conduire au greffe pour parler au directeur.

« ... Quand l'appel des condamnés a commencé, rapporte le R. P. Stanislas Duval, M. Planchat était avec
tous les autres otages près du gardien qui lisait les noms
sur sa liste. Son nom, comme celui de presque tous les
autres, fut mal prononcé. Il répondit : « Présent ! » Je
le vis quitter sa place et aller se ranger dans l'espace

____

(1) Déposition de M. l'abbé Taurel.

formé au milieu du corrider par l'absence de plusieurs cellules du côté de la cour intérieure. C'était là que le gardien qui faisait l'appel rangeait les appelés. Je vois encore M. Planchat, tête nue : il tenait toujours son chapeau à son bras. Je le vois avec son large front chauve, sa figure allongée par la souffrance. Il était adossé à la cloison, le visage tourné dans la direction de la rue de la Roquette. Il me parut toucher la cloison avec sa tête. Je crois avoir entendu dire qu'il s'était appuyé pour se soutenir. Aucune émotion ne paraissait sur sa physionome. Il partit avec tous les otages que le gardien fit passer devant lui. Il partit comme tous les autres, sans faiblesse, simplement, sans adieux déchirants, sans exclamation, discours, bénédiction...

« .... Il n'y eut (1) aucune parole échangée, aucune bénédiction donnée, il n'y eut rien qui ressemblât à un coup de théâtre. C'était au contraire un calme et un silence qui étaient extrêmement frappants et qui imprimaient à cette circonstance un caractère très-solennel. »

« Ils trouvaient (2) dans leurs convictions religieuses la mâle énergie dont ils avaient besoin pour faire leur sacrifice, car ils ne se faisaient nullement illusion sur le sort qui les attendait. J'avoue qu'à ce moment, n'étant pas assez heureux pour me trouver parmi les élus, je me retirai dans ma cellule pour me mettre à genoux et prier ; mais je revins bientôt dans le corridor et je serrai la main de ceux que je connaissais plus particulièrement. Il y avait dans leurs regards et dans leurs sourires quelque chose qui me faisait comprendre ces mots : « Oui, nous sommes heureux ; nous sommes fiers ; nous avons été choisis pour être les victimes ! »

(1) Déposition de M. l'abbé de Marcy.
(2) Déposition de M. l'abbé Taurel.

C'est pendant cette scène que plusieurs otages communièrent avec les parcelles des hosties consacrées, que leur avaient distribuées les Pères jésuites. A genoux, derrière la porte de leur cellule, tenant le corps sacré de Notre-Seigneur, qu'ils avaient réservé pour le moment suprême, ils attendaient l'appel de leur nom, se communiaient aussitôt, et se relevaient pour marcher à la mort.

Voici les noms des ecclésiastiques portés sur la liste de Ramain, unis dans la mort et sans doute maintenant dans la gloire :

Le P. Olivaint, supérieur des jésuites de la rue de Sèvres.

Le P. Caubert, procureur de la même maison.

Le P. de Bengy, jésuite, aumônier de l'armée.

Le P. Ladislas Radigue, prieur de la maison de Picpus.

Le P. Marcelin Rouchouze, secrétaire général de Picpus.

Le P. Polycarpe Tuffier, procureur général de Picpus.

Le P. Frezal Tardieu, membre du conseil de Picpus.

L'abbé Sabattier, vicaire de Notre-Dame de Lorette.

Paul Seigneret, séminariste de Saint-Sulpice.

L'abbé Planchat.

Tandis que le brigadier Ramain exécutait la triste mission que nous avons racontée, un autre employé de la Roquette allait, sur son ordre, dans la section où étaient détenus les gendarmes, et leur disait : « Le brigadier vient de me commander d'aller vous chercher. Je crois que c'est pour vous mettre en sûreté, à cause du bombardement. »

Un peloton de gardes nationaux, composé de toutes sortes de bataillons, attendait dans la cour. Aussitôt que les otages furent descendus, le peloton fut mis sur deux rangs. Quand les gendarmes, au nombre de 37, furent comptés, on les plaça en tête ; puis, on fit sortir les prêtres du greffe.

En passant devant la loge du concierge, le P. Olivaint remit à cet homme son bréviaire :

« — Mon ami, gardez-le, » lui dit-il.

Il voyait bien qu'il n'en avait plus besoin, et il voulait le dérober à la profanation.

Aussitôt un capitaine de gardes nationaux arracha le bréviaire des mains du concierge et le jeta dans le poële en disant :

« — Ça vient de la calotte... de la canaille !... Tout ça est bon à fusiller ! »

Quand le capitaine eut le dos tourné, l'honnête concierge retira du feu le livre à moitié brûlé. Il l'a remis depuis aux PP. jésuites.

Pendant que les prêtres défilaient dans la cour, le commandant du peloton de fédérés qui devait les conduire, cria au prêtre qui marchait le dernier, en lui mettant son révolver sous le nez : « Avance donc, misérable !... »

Puis il fit charger les armes à sa troupe, et donna le signal du départ.

Ce fut alors que les saintes victimes ne durent plus douter du sort qui les attendait.

IX

LA VOIE DOULOUREUSE

Les grilles de la prison s'ouvrirent pour livrer passage au funèbre cortége. Un peloton marchait en tête ; puis, venaient les gendarmes ; les prêtres suivaient ; un peloton fermait la marche. « Les victimes s'étaient placées d'elles-mêmes, dit l'acte d'accusation, au milieu de deux rangs formés par les fédérés. »

A mesure que le récit approche de son dénouement, il devient plus difficile et plus obscur. Les renseignements circonstanciés, personnels aux otages surtout, font défaut. Un fait si considérable, qui s'est passé au milieu d'une population immense, est encore enveloppé d'incertitudes. Les débats du conseil de guerre ont produit peu de renseignements nouveaux sur la marche des otages et sur leur exécution. Les témoins, intimidés, dit-on, par des menaces, paralysés par la peur, sont restés muets devant les interrogations les plus pressantes des magistrats militaires. Néanmoins, avec le peu de renseignements recueillis, il est encore possible de se rendre compte des circonstances principales de cet horrible supplice, qui n'a pas duré moins de deux heures. Les premiers récits donnés en hâte, erronés ou incomplets, peuvent être aujourd'hui rectifiés.

« Le peloton, continue l'acte d'accusation, monta la rue de la Roquette jusqu'au cimetière du Père-Lachaise, tourna à gauche, et suivit le boulevard de Ménilmontant jusqu'au boulevard de Belleville.

« Dans cette première partie du trajet, on chemina en silence ; les prêtres priaient et adressaient de temps en temps de pieuses exhortations aux gendarmes, qui, de leur côté, marchaient recueillis, sans être encore trop troublés par les passants.

« ..... Un homme à cheval précédait le cortége (1). Avait-il pour mission de soulever la population et d'appeler les curieux ? Ce qui porterait à le supposer, c'est qu'il courut prévenir les ouvriers de la grande fabrique d'eau de seltz du boulevard, qu'on allait enfin fusiller des calotins et des gendarmes, et qu'on les amenait.

« Le boulevard extérieur, bien que très-peuplé, ne l'était pas assez au gré de ceux qui voulaient donner ce grand spectacle. On promenait les victimes avant de les égorger ; on voulut suivre les quartiers les plus populeux. Il s'agissait en outre d'éviter les obus lancés sur Belleville. Ordre fut donné de prendre la chaussée de Ménilmontant.

« La barricade qui fermait cette rue à l'entrée du boulevard était gardée par des nationaux du XIe et XXe arrondissements. Leur chef, à costume garibaldien, sortit des rangs pour parlementer avec les fédérés du cortége.

« L'officier qui commandait le peloton d'escorte demanda au commandant de la barricade un supplément de forces. Celui-ci donna un de ses capitaines au-

(1) Relation de M. l'abbé Raymond.

quel se joignit un lieutenant, un sergent-major et presque tous les hommes présents de la compagnie. Leur commandant se mit en tête et marcha côte à côte avec le chef de l'escorte.

« On monta ainsi la chaussée de Ménilmontant jusqu'à la rue Puébla.

« La foule, commençant à environner le cortége, se montrait seulement curieuse ; elle voulait voir ces prêtres et ces gendarmes que l'on se vantait d'avoir fait prisonniers le matin sur les Versaillais. Mais elle ne les insultait pas encore, et surtout ne demandait pas leur mort.

« A la hauteur de la rue de Puebla, un changement se produisit. La physionomie de cette foule devint subitement haineuse et agressive. On cria : « A bas les calotins et à bas les cognes !... » Les malheureux prisonniers avaient été rencontrés par des chasseurs et des artilleurs fédérés qui venaient d'être battus par l'armée régulière, et qui voulaient se venger en fusillant immédiatement les otages sur place (1).

« On prit néanmoins la rue Puebla, puis la rue des Rigoles, pour arriver à la mairie de Belleville.

« ... On les fit entrer par une petite porte qui donne rue des Rigoles (2). Que se passa-t-il en cet endroit ? Personne n'a pu nous le dire. Seulement les condamnés durent être abreuvés d'outrage, si l'on en juge par les cris de mort qui ne cessèrent de retentir dans les dépendances de la mairie. Peut-être y eut-il un semblant de jugement et de condamnation en forme, car depuis le matin cette mairie donnait refuge à tout ce qui restait de la Commune... La foule n'avait pu entrer dans la maison ; elle stationnait rue des Rigoles, et aux cris de

(1) Acte d'accusation.
(2) Relation de M. l'abbé Raymond.

« vive la Commune ! à mort ! » à mort ! elle ne cessait de répondre par ceux-ci : « Ne les lâchez pas ! Ne les lâchez pas ! »

« ... Un homme (Ranvier, membre de la Commune) était adossé, tête nue, à la grille qui entoure l'église. Il regarda défiler le cortége et s'écria : « Il faut fusiller ces hommes-là ! »

« Une demi-heure après l'arrivée à la mairie, on fit sortir les otages par la porte principale qui donne rue de Belleville. Une cantinière à cheval ouvrait la marche. Ses cheveux étaient ramassés dans un filet blanc; elle portait un képi. Un officier à cheval lui servait de cavalier. Venaient ensuite plusieurs clairons et tambours, qui jouaient une marche de chasseurs. Derrière eux, il y avait un peloton de gardes nationaux. Suivaient les victimes, deux à deux, ayant de chaque côté deux gardes nationaux la baïonnette au bout du fusil. Les gendarmes marchaient les premiers. Parmi les prêtres, on en remarquait un grand à cheveux blancs qui avait peine à se traîner. C'était, croyons-nous, le P. Tuffier de Picpus. Il s'appuyait sur l'épaule de son confrère. Un second peloton de gardes nationaux fermait la marche. Une foule immense de femmes et d'enfants avait repris sa première place et demandait à grands cris la mort des condamnés.

« Les maisons 169, 171 et 173 de la rue de Belleville avaient été envahies par les fédérés, parce qu'elles faisaient face à une rue par laquelle on s'attendait à voir arriver les Versaillais. Ces hommes se pressaient à leurs portes pour insulter les victimes et encourager les meurtriers : « Vive la Commune ! mort aux curés ! mort aux « mouchards ! » Quelques retardataires criaient : « A la « cour martiale ! »

« Au n° 229, plusieurs personnes sortirent sur la porte pour s'enquérir de ce qui arrivait.

« — Où menez-vous ces soldats et ces prêtres ? »

« Un fédéré fit signe qu'on allait les fusiller. Il y eut un cri de terreur et de pitié.

« — Où les envoyez-vous ? » demanda-t-on une seconde fois.

« Un garde national s'arrêta, et laissant passer la foule, il répondit :

« — On va les envoyer au ciel ! »

« Il entra aussitôt dans la maison et supplia qu'on voulut bien lui donner des habits pour se déguiser et fuir.

« Deux autres gardes nationaux retournèrent sur leurs pas et firent la même prière.

« En passant devant la cité Lemière, un jeune homme prit la tête du cortége.

« Il exécuta une pantomime à l'aide de son fusil. Il s'arrêtait de temps en temps pour appeler de ses gestes et de sa voix la mort des gendarmes et des prêtres.

« On se rappelait involontairement, en le voyant, les danses des sauvages autour de leurs prisonniers, lorsqu'ils s'apprêtent à les dévorer.

« Ceux qui suivaient ne s'étourdissaient pas tous ainsi, afin de paraître braves. Les cris de mort étaient toujours entremélés d'ordres de fermer les fenêtres.

« Au n° 259, une personne ayant ouvert malgré cette injonction, un garde national tira un coup de revolver; mais il fut maltraité par ses camarades.

« Cependant on arrivait à la rue Haxo. Quelques hommes à cheval vinrent se placer à côté du chef garibaldien également à cheval, qui marchait en tête.

« Les 174e, 173e, 172e bataillons étaient postés aux abords de la rue Haxo. Deux coups de fusil, tirés contre les victimes, partirent de leurs rangs, mais sans blesser personne : les deux assassins avaient visé trop haut. Ils furent arrêtés comme imprudents.

« Ici la foule était compacte. Ceux qui venaient de loin pour assister à l'exécution, et c'était la majeure partie, ne cessaient de vociférer la mort des otages. Ils trouvaient bien quelques échos parmi les habitants du quartier, mais tous n'étaient pas du même avis. On entendait ces mots :

« — Ça ne portera pas chance à Belleville... Mauvaise « note sur les gardes nationaux de par ici ! »

« ... Cependant les fédérés insultaient leurs victimes, et, afin de soulever le peuple, ils répandaient le bruit qu'on les amenait du Prince Eugène, où ils faisaient des barricades avec des cadavres.

« Un Garibaldien de l'escorte s'approcha de nous et nous dit : « Ne pleurez pas ces gens-là, ils assassinent « les femmes et les enfants (1). »

« Finissons-en, ajoutaient-ils, puisque nous les te- « nons. »

« Et ils promettaient de nouvelles victimes dont celles-ci n'étaient, selon eux, que l'avant-garde.

« A partir de la mairie (2), la foule devint une cohue infernale ; les hommes et les femmes, repoussés de tous les coins de Paris vers ce quartier, manifestaient la plus hideuse férocité.

« Ils mettaient des revolvers sous le menton des ota-ges, et les sabres étaient tirés (3).

« Les uns, choisissant d'avance la victime qu'ils voulaient frapper, bousculaient les rangs de l'escorte pour aller dire à cette victime, en lui mettant une arme sous la gorge :

« — C'est avec cela que je vais moi-même te descendre « tout à l'heure. »

(1) Déposition de madame Laurent.
(2) Acte d'accusation.
(3) Déposition de madame Caron.

« D'autres forcenés, orateurs des clubs, reconnaissant dans cette foule leur public habituel, tel qu'ils avaient aimé à le former, trouvaient là l'occasion d'ébaucher encore des discours sur la justice du peuple et de promettre que les vengeurs de la Commune seraient inscrits au tableau d'honneur sur les journaux du lendemain. Tout le parcours de la longue rue de Belleville et de la rue Haxo se fit au milieu de ces odieuses scènes. Les otages étaient exténués (1).

« ... Les martyrs n'étaient pas émus de ces menaces et de ces cris de mort (2). La seule plainte que nous ayons recueillie est celle d'un gendarme ; apercevant la porte de Romainville, il se prit à dire : « O ma pauvre femme et mes trois enfants ! » Tous marchaient bravement à la mort. Le vieux prêtre surtout, qu'animait sans doute l'approche du martyre, les étonnait à cette heure par sa noble démarche. Le mot du pays est qu'ils paraissaient *décidés*. »

Au milieu de ces tortures, l'abbé Planchat, les yeux baissés, profondément recueilli, ne pensait qu'à offrir à Dieu le sacrifice de sa vie ; tellement absorbé, qu'à un petit enfant du patronage qui se trouvait là et qui s'avança courageusement jusqu'à lui pour lui dire adieu, il ne répondit pas.

Il fallait que le saint martyr fût bien détaché de la terre pour ne pas s'apercevoir de ce témoignage de fidèle affection de l'un de ses enfants bien-aimés.

De ce long et douloureux supplice, c'est le seul trait personnel à l'abbé Planchat qui ait pu être recueilli.

« ... On les faisait marcher très-vivement ; mais après les deux coups de fusil tirés sur l'escorte, ils reçurent

(1) Acte d'accusation.
(2) Relation de M. l'abbé Raymond.

un nouvel ordre de hâter le pas, ils tournèrent rapidement la rue Haxo. Cette fois, ils étaient puissamment cernés.

« Les bataillons crièrent : « Vive la France ! vive la République ! »

« Les victimes levèrent leurs chapeaux. »

Il y eut alors un instant d'hésitation. Le moment de perpétrer le crime était arrivé. La Commune manquerait-elle d'audace ?

A ce moment, ou peut-être un peu avant, on remarqua un chef qui était à cheval avec une couverture rouge et noire (1) arrêté avec une personne. Cette personne lui dit qu'il fallait en finir, qu'il fallait avoir du courage : on a cité le nom de M. Vermorel, les gardes nationaux ont dit : « Citoyen Vermorel, pas de faiblesse, finissons-en ! »

Vermorel, membre de la Commune, à la tête du funèbre cortège, essayait donc vainement de disputer les victimes à leurs bourreaux ! Lors des arrestations et des décrets contre les otages, Vermorel avait fait à l'Hôtel de Ville, avec quelques autres de ses collègues, une opposition inutile. Élève des jésuites au collége de Mongré, égaré par les passions politiques et passé sous le joug du despotisme révolutionnaire, mais ayant conservé peut-être de sa première éducation un certain fond de foi, le malheureux se voit contraint de conduire à la mort les amis et les frères de ses anciens instituteurs, qui lui étaient restés toujours chers. Quelques jours plus tard, prisonnier à Versailles et blessé à mort, il se confesse et c'est à un jésuite, le Père de Regnon.

« Il a résisté quelque temps, écrivit le P. de Regnon, puis tout à coup il m'a attiré à lui, et m'a dit avec un grand calme, en tenant ma tête près de la sienne : « Eh

____

(1) Déposition de madame Barre.

bien ! mon père, je vous confie entièrement le salut de mon âme; traitez-la comme vous traiteriez la vôtre.

— Nos chers morts, dit le père; doivent être heureux de voir, en ce moment, près de vous un de leurs frères en religion. » — A ces paroles il me répondit en pleurant : « Oh ! oui, j'aurais bien voulu les sauver; mais cela n'empêche pas qu'ils ont été assassinés !... »

En effet, ceux dont il était le chef lui avaient crié sur le chemin de la rue Haxo, remarquant sans doute ses remords, son émotion et sa pâleur :

« — Citoyen Vermorel ! pas de faiblesse, finissons-en !»

Et il dut les laisser finir...

Oh ! que le supplice de ce misérable dut être horrible.

Si les pères jésuites ont compté parmi leurs assassins un de leurs anciens élèves, que penser de l'abbé Planchat ? Combien, parmi cette foule immense, dans ces quartier et dans ces rues qu'il avait parcourus tant de fois pour porter aux pauvres des secours et des consolations, combien de malheureux qu'il avait visités et assistés, l'ont vu passer, au milieu des outrages et des cris de mort, et n'ont pas essayé de le délivrer, ni osé dire une parole pour le défendre ! combien même, misérables victimes, comme Vermorel, de la tyrannie de la révolution, chefs ou soldats, tous esclaves, ont crié : A mort ! au pauvre prêtre, et fermant les yeux, ont tiré comme les autres, dans le massacre, sur leur bienfaiteur ! Chose horrible ! mais certaine, cause de secrets remords aujourd'hui ignorés, mais que le temps révélera ! Lui, le martyr, sans doute, ne les a pas reconnus.

Le cortége est arrivé à la porte du secteur. Un homme qui demeure en face dépose ainsi :

« J'ai vu arriver le convoi. Il s'est arrêté à ma porte rue Haxo, 92. La tête était sous ma croisée. Le cortége des gendarmes (1) et des prêtres était composé de cinq à six cent hommes en armes, de femmes et d'enfants ; tous criaient et vociféraient. Les otages étaient au milieu. Il y avait aussi deux ou trois chefs à cheval. Ils ont, toujours devant ma porte, comploté quelque chose ensemble, et ensuite ils ont détaché deux émissaires, auxquels ils avaient donné des instructions. Ces émissaires sont allés au secteur, et peu après, ils en sont revenus, et ont donné une réponse aux chefs ; ceux-ci se sont dressés sur leurs chevaux, et s'adressant à la foule, ils ont paru la consulter. Aussitôt après, les cris : A mort ! à mort ! ont retenti d'un bout à l'autre du convoi ; ces cris étaient unanimes... — Citoyens, dit un des chefs, nous avions cru trouver au secteur une cour martiale, il n'y en a point. Que faut-il faire des otages ? tout le monde a crié : « A mort ! »

Alors (2) un jeune homme à cravate blanche, aux cheveux blonds très-ébouriffés, vint ranimer la fureur assoupie. Il commanda de faire quelques pas en avant ; la foule applaudit, des cris de mort retentirent à toutes les fenêtres du n° 88.

« On commanda encore une fois de fermer les fenêtres. Une charrette attelée fut amenée au milieu de la rue. Un homme monte sur la charette, un drapeau rouge à la main, et commence à haranguer le peuple : « Citoyens, dit-il, le « dévoûment de la population mérite une récompense. « Voici des otages que nous vous amenons pour vous « payer de vos longs sacrifices. » Il termine par ces mots : « A mort ! à mort ! » Sa voix est couverte d'applaudissements. On n'entend plus que ces mots : « Vive la Commune ! à mort ! à mort ! »

« Aussitôt les victimes sont introduites dans le secteur.

(1) Déposition de Lequesne.
(2) Relation de M. l'abbé Raymond.

Un colonel ouvrait la marche ; elle était fermée par un officier qui portait la pointe de son épée dans les reins des malheureux prisonniers. On voyait bien qu'ils allaient être égorgés. Un brigadier d'artillerie d'une taille et d'une force extraordinaires se tenait sur la porte, et asséntait à chaque condamné un coup de son redoutable poignet. Le vieux prêtre n'avait pas pris garde à la petite marche d'entrée du secteur ; il perdit l'équilibre en la heurtant du pied ; le coup de poing le jeta la face contre terre ; un fédéré le releva avec un coup de crosse dans les reins.

La foule se précipita à la suite, dans l'étroite avenue du secteur. L'espace assez restreint ne pouvait contenir que six à sept cents personnes. Les deux mille hommes, femmes et enfants du cortége refluèrent sur les rues adjacentes. Il n'y avait plus de gardes pour les otages, il n'y avait plus que des bourreaux. Poussés, emportés, frappés de toute part, ils étaient entraînés dans le flot de la populace dont tous les bras étaient levés sur eux, les yeux sanglants, les bouches écumantes de rage et de fureur. Cette course infernale, au milieu de cette meute altérée de sang, elle durait depuis deux heures, la foule grossissant toujours, plus hideuse et plus féroce !

Alors, des maisons, des rues et des jardins, entassée et bouillonnante, elle jette une clameur immense qui se prolonge et grandit pendant toute la durée du massacre, comme un tonnerre couvrant les grondements sourds de la canonnade et le crépitement des décharges de l'exécution...

« A mort ! à mort ! à mort !... »

Eux, obéissant, marchaient rapides, décidés, doux et silencieux, bénissant les bourreaux qui leur ouvraient le ciel !

LE MASSACRE

La cité de Vincennes a été décrite bien des fois. Il est nécessaire, néanmoins, de reproduire sa description topographique pour comprendre la dernière scène que nous avons à dire.

Avant la guerre, c'était une sorte de villa, composée de pavillons bourgeois ayant chacun leur jardin. Pendant le siége, ces bâtiments furent occupés par l'état-major du secteur; plus tard, par les officiers fédérés, et par conséquent mis en fort triste état. C'est là que s'étaient réfugiés des derniers débris de la Commune agonisante, ses délégués aux finances, à la guerre, etc. On verra quelle a été leur attitude en présence du crime qu'ils ont laissé s'accomplir sous leurs yeux, s'ils ne l'ont pas provoqué.

Au bout d'une assez longue avenue, se trouve une première cour, au fond de laquelle règne un bâtiment qui en occupe toute la longueur. A gauche, il y a un autre terrain, séparé du premier par un mur et par une porte à claire-voie.

Dans cette seconde cour, et comme prolongation du bâtiment susdit, avant la guerre, on avait commencé la construction d'une salle de .bal champêtre. Plus tard, on dut y établir les écuries de l'état-major. Au moment du massacre, il n'en restait de trace qu'un petit mur d'appui, destiné sans doute à porter un léger treillage. Ce petit mur est distant de cinq à six mètres de la muraille haute de huit à dix mètres qui occupe tout le fond de cette seconde cour.

C'est dans cette sorte de fossé que le massacre s'est accompli.

Les assassins qui s'étaient offerts pour l'exécution, au nombre de deux cents à deux cent cinquante (1), étaient entrés dans cette seconde cour par la porte à claire-voie que nous avons indiquée. Le reste de la foule, les otages et le peloton de fédérés qui les avaient amenés se tenaient dans la première cour. Un sergent du 74ᵉ gardait cette porte et empêchait de pénétrer dans l'espace réservé (2) aux meurtriers, et si bien nommé par l'un des accusés « *l'arène* (3) ! »

Les otages ne furent pas jetés tous à la fois dans ce fossé. Ils furent mis à mort, non pas dix par dix, comme on l'a répété, mais trois ou quatre d'abord une première fois, et un à un ensuite, jusqu'au dernier. Les preuves sont irrécusables ; les témoins l'affirment, les assassins l'avouent.

Quant aux bourreaux, les uns étaient montés sur le petit mur, les autres tiraient comme ils pouvaient, se pressant les uns sur les autres et déchargeant leurs armes sur les victimes à mesure qu'elles passaient par la petite porte.

Les balles ricochaient souvent sur les assassins et les

(1) Inter. de Piat.
(2) Inter. d'Amaury.
(3) Hamon.

blessaient même grièvement ; mais rien ne pouvait arrêter leur fureur. Le sang rejaillissait sur eux. « Les martyrs, dit l'acte d'accusation, avaient la douleur d'assister aux convulsions et à l'agonie de leurs devanciers dans la mort. Quelques-uns étaient couverts du sang de leurs compagnons, avant d'entrer dans le terrain... »

C'est ainsi que s'est accomplie l'exécution des quarante-sept otages. Ils n'ont pas été mis à mort en masse, ni dix par dix, mais un par un. Le massacre n'a pas duré dix minutes, ni un quart d'heure, mais vingt-cinq minutes, et c'est bien peu de temps pour cette tuerie en détail.

La première relation, qui avait inspiré une si juste horreur, était donc au-dessous de la réalité.

Le vieux missionnaire de la Chine, le vénérable abbé Perny, avait donc bien raison quand il disait devant la justice, que les supplices les plus cruels des sauvages païens, étaient mille fois moins barbares que ceux des hommes de la révolution et des athées du XIXe siècle.

« ... Arrivé à l'état-major du secteur (1), le cortége des otages pénétra en véritable cohue dans l'avenue qui conduisait au fond du jardin. La concierge vit de ses yeux un de ces forcénés asséner un coup de crosse de pistolet sur la tête du jeune abbé Seigneret, qui alla presque tomber sur la porte de sa loge. Il en fut cependant empêché par la masse de bandits qui se trouvaient entre lui et le mur, et qui le repoussèrent de l'autre côté où il fut reçu par d'autres misérables, qui se livrèrent sur lui aux plus indignes traitements. C'est alors que ces brigands le traînèrent littéralement dans la boue, jusqu'au fond du jardin où ils le laissèrent pour mort. »

(1) Déposition de M. l'abbé Carré.

« Sitôt que le cortége est entré dans le secteur (1), la masse a suivi ; là, mes hommes ont été placés sur deux rangs, et ensuite de ça l'ordre est arrivé de les faire rentrer dans la maison pour déposer leurs sacs. Un deuxième est arrivé pour les faire sortir et les placer dans le même ordre qu'auparavant. Maintenant il s'est passé du bruit parmi la foule, quand les officiers étaient dans le secteur. Parent est sorti avec son personnel, et j'ai vu sortir de la poitrine de l'officier garibaldien un pli dont Parent a donné lecture à la foule. Après cela, il demanda à cette foule s'il fallait garder les prisonniers ou les mettre à mort. Alors, comme des cris se firent entendre : A mort ! à mort ! une troupe de cent cinquante hommes se ruèrent sur le détachement dont je me trouvais, le long de la maison blanche, et m'arrachèrent les otages des mains, d'abord *dix* qu'on commença à massacrer, et *un à un ensuite.* »

Le massacre commença-t-il immédiatement, sans qu'aucune tentative fut faite en faveur des victimes ? Un membre de la Commune prétend le contraire. De son récit que nous allons reproduire, il ne résulte rien de bien clair sur la conduite des chefs de l'insurrection qui étaient présents : Parent, Varlin et Piat.

« Entendant (2), vers cinq heures du soir, une rumeur énorme, des cris furieux... la foule était tellement nombreuse (deux mille personnes), que je n'avais pu traverser la cour et que j'avais dû longer le secteur. Arrivé à hauteur du bureau, je trouvai le colonel Parent qui parlait déjà avec un membre de la Commune, Varlin, qui arrivait, et alors Parent nous dit : « Voyons « si vous serez plus heureux que moi, si vous pourrez

(1) Inter. de Dalivous.
(2) Int. de Piat.

« empêcher cette horrible boucherie. » Et il nous expliqua que c'était une cinquantaine de gendarmes et de prêtres qu'on avait amenés là, et que la foule, furieuse, voulait fusiller. Nous nous rendîmes sur le lieu de l'exécution, Varlin et moi; arrivés devant le petit mur qui séparait les otages, qu'on avait mis là dans un espèce de fossé, nous sommes montés sur le petit parapet... Là, nous avons essayé par tous les moyens possibles de lui persuader de suspendre l'exécution, le temps de réunir une cour martiale ou un conseil de guerre, le temps enfin de soustraire les victimes à la rage de cette foule avinée, car ce n'était pas là de la garde nationale régulière. Il y avait là dedans un ramassis de toute espèce de gens, armés d'armes de toutes sortes, pistolets d'arçon, mauvais fusils, chassepots, tabatières, pistons, qui tous se disputaient, à qui mieux mieux, à qui ferait l'exécution. Le restant des otages était encore dans la première cour du secteur, et il n'y avait d'entrés que deux brigadiers et deux simples gardes qui étaient très-dignes devant cette foule qui les insultait. Malgré toutes nos observations, nous ne pûmes obtenir un répit de quelques minutes... Je ne dis pas que nous ayons été entendus de la foule. Il y avait, non-seulement ces deux cent cinquante individus qui criaient : « Fusillons-les ! » qui hurlaient : « Ils ont tué nos frères ! » et autres choses que je ne pouvais entendre, mais la foule qui criait de son côté, et qui n'était pas mieux composée que ceux qui voulaient faire l'exécution, avaient forcé l'entrée. Je n'ai pu parler à la foule, puisque, inutilement, nous avons agité écharpes et ceintures, pour obtenir le silence sans pouvoir y arriver... Il n'y avait pas cinquante secondes que j'étais descendu du parapet lorsque le premier coup de feu a été tiré... N'ayant pas encore fait dix pas, un individu vint jusqu'à moi, tout en se plaignant d'avoir été blessé d'une balle qui avait ricoché sur un mur et qui l'avait atteint à la main. Je lui ai dit de s'en aller et j'ai même ajouté : « Vous êtes un ani-« mal, et vous n'avez que ce que vous méritez (1). »

L'invitation de Parent à Piat, membre de la Commune et du comité central, de tâcher de calmer l'exaspéra-tion de la foule « était plutôt de l'ironie, » avoue Piat dans un autre interrogatoire. En effet, la plupart des dépositions ne donnent pas d'autre rôle à Parent que d'avoir pris des mains du chef garibaldien la sentence de mort écrite par Ranvier, et d'en avoir donné lecture aux meurtriers. La tentative de Piat, si elle a eu lieu et si elle a été sincère, suffit-elle à sauver la responsabi-lité de la Commune? Le plein pouvoir dont ces hommes étaient revêtus exigeait une autre conduite, et la lâ-cheté des Ponce Pilate, qui se lavent les mains du sang innocent qu'ils laissent couler, ne les sauve pas devant l'histoire de l'infamie et de la complicité du crime qu'ils avaient le devoir d'empêcher au prix de leur sang !

« Il semble que la dignité de leur attitude douce et sérieuse (2), que l'aspect touchant de leurs regards, sans haine et sans peur, aient un instant fait hésiter les as-sassins qui les approchaient, car on resta là plusieurs minutes sans oser les toucher, malgré les excitations et les cris de mort qui partaient des rangs plus éloignés de la foule. Alors (3), la cantinière au filet blanc s'a-vance, dit-on, en criant : « Pas de pitié pour les Ver-« saillais ! ce sont des assassins. Pas de calotins ! Pas de « gendarmes ! » Et elle fait feu. Le signal était donné. Il y eut un second coup de feu, puis un autre, puis un autre, puis un semblant de feu de peloton, mais mal

(1) Inter. de Piat.
(2) Acte d'accusation.
(3) Inter. d'Amaury.

nourri. Les femmes, montées en foule sur le mur d'enceinte, dont elles brisèrent une partie des tuiles, acclamaient les meurtriers et insultaient aux victimes.

« Aussitôt, on a poussé dix otages dans un petit terrain séparé de la cour où nous étions par un petit mur et une barrière en bois ; puis, dans un petit espace, contre un mur ; sans même attendre d'ordre, des coups de feu sont partis de tous côtés, coups de fusils, coups de revolvers. On a de la même façon fusillé les autres victimes... »

Le petit Augustin Fleury, apprenti tourneur, âgé de quatorze ans, jouait dans la rue Haxo, quand on a amené les prêtres et les gendarmes, et il a été regarder au travers d'une porte grillée qui a vue sur le terrain où a eu lieu l'exécution. Voici ce qu'il a déposé :

« ... On a d'abord poussé dans le terrain, à coups de crosse de fusils, trois gendarmes ; on les a placés le visage tourné contre un gros mur ; puis tous les gardes nationaux ont tiré dessus, sans ordre et sans commandement. On a fait passer ensuite les autres victimes une par une, et on les a fusillés au fur et à mesure. J'en ai vu assassiner ainsi 50 ou 60. Le feu était commandé par une cantinière du 74e ou du 174e bataillon, ainsi que l'attestait le numéro de son képi. Les prêtres ont été fusillés les derniers. »

Devant le capitaine rapporteur, il ajoute ces détails :

« On a commencé par abattre les trois gendarmes à coups de fusil ; alors, on a fait suivre les autres à peu près sur un rang : à mesure qu'ils arrivaient, ils tombaient, parce que les fédérés n'étaient pas à plus de cinq ou six pas d'eux, et qu'après avoir tiré ils rechargeaient leurs armes ou leurs revolvers.

« Au bout de vingt à vingt-cinq minutes, quand ils ont tous été par terre et que leurs cadavres étaient en tas, on a fait des feux de peloton dessus. Puis, ça n'a pas été fini ; après ces feux de peloton, deux ou trois officiers, avec autant de fédérés, ont marché sur ce tas, et j'ai vu un gendarme qui s'agitait encore dans une mare de sang : on lui a fait sauter la cervelle d'un coup de revolver dans l'oreille. »

« Cette hideuse tuerie dura plus d'un quart d'heure(1). Un seul fait de révolte, mais de révolte sublime, a été révélé par l'instruction. Des témoins ont rapporté qu'au moment où un jeune homme, dans toute la force de l'âge, le maréchal des logis Ganty, de la garde de Paris, présentait sa poitrine au fusil d'un marin fédéré qui le visait, un vieux prêtre ne put contenir son indignation ; il repoussa l'assassin et se plaça devant la victime. Cet admirable mouvement ne produisit qu'un redoublement de mutilations plus acharné sur le corps bientôt abattu du pauvre et bon vieux prêtre.

« M. Tuffier (2) fut l'objet de violences et d'insultes particulières. Les femmes vociféraient : « Trois coups « pour celui-là. » On lui reprochait d'avoir passé sa longue vie à enseigner l'erreur. Pour toute réponse, il les bénissait en étendant la main ; ce qui leur fit dire que le « vieux » demandait grâce.

« Il tomba au troisième coup et on le crut mort ; mais la fusillade ayant cessé, il se releva par un mouvement convulsif et courut vers la muraille comme pour chercher une issue. Les exécuteurs se ruèrent sur lui ; l'un d'eux lui fit sauter le crâne. « As-tu vu, disait « un jeune homme au sortir de là, comme la cervelle « du vieux prêtre m'a sauté après ? » Ce coup de feu le jeta la face contre terre. Un des bourreaux, d'un coup

(1) Acte d'accusation.
(2) Relation de M. l'abbé Raymond.

de pied, le remit sur le dos, et s'apercevant qu'il râlait encore, il s'empressa de l'achever. »

Il y a au patronage Sainte-Anne un jeune apprenti qui a assisté à l'exécution ; mais jusqu'ici il a été impossible d'obtenir de lui aucun détail ni sur l'immolation dans son ensemble, ni sur la mort de l'abbé Planchat. Aussitôt qu'on essaie de lui en parler, il se met à fondre en larmes, et on ne peut lui arracher que des sanglots.

À l'aide des témoignages recueillis, nous avons pu suivre une à une les dernières épreuves des saintes victimes. Les douleurs morales que leurs bourreaux leur firent endurer surpassèrent l'horreur de leur supplice. Comment, sans un miracle de la grâce, ces hommes, épuisés moralement par des angoisses si prolongées, physiquement, par les douleurs d'une étroite réclusion, purent-ils supporter sans faiblir un instant toutes ces tortures ? Aussi, l'un des accusés, peut-être l'un des assassins, après le crime consommé, vaincu par ce spectacle, ne put-il s'empêcher de s'écrier, au milieu de ces forcenés et au péril de sa vie :

« ... J'ai vu ces hommes mourir avec le courage le plus beau et le plus noble. *Je dis qu'il est impossible à des hommes de mourir comme ils l'ont fait* (1)... »

Quelle paroles ! et quel témoignage ! On croit lire les actes des martyrs qui, au milieu des supplices, apparaissaient à leurs bourreaux éperdus... transfigurés et déjà revêtus de la gloire !...

(1) Inter. d'Hamon.

XI

LA SÉPULTURE

« Après le massacre, le cortége revint par la grille où un jeune homme blond, qu'on prit pour Dacosta, criait à la foule : « C'est bien travaillé, mes amis ; bonne jour- « née que celle-ci ! » On continua à se retirer. Au milieu de la multitude se trouvait la cantinière du bataillon de la rue de la Mare, qui vociférait des blasphèmes et des menaces.

« Passant au n° 210, rue de Paris, on l'entendit tenir ce langage : « Un vieux scélérat de prêtre ne voulait « pas mourir, je lui ai cassé la gueule avec mon pistolet ; « puis, du talon de ma botte, je lui ai broyé la figure ! » Et elle faisait tourner avec dérision la calotte d'un ec- clésiastique au bout de son revolver (1). »

Après le massacre, une cantinière redescendait la rue de Paris et, ayant aperçu un garde, est venue à lui, et ils ont causé de ce qui venait de se passer :

— « Eh bien ! Marie, lui dit le garde national. »

Et elle lui répondit :

(1) Dép. de l'abbé Carré.

— « Ce gueux de curé, je lui ai fourré ma main dans la gueule, pour lui arracher la langue, mais je n'ai jamais pu ! »

Un fédéré (1) sortit portant au bout de sa baïonnette une calotte, et criant : « Il y en avait des prêtres ! en voilà ! en voilà ! » Lorsque la troupe redescendit la rue de Belleville, elle avait joint un autre trophée à celui-ci. Un second fédéré avait accroché une soutane à sa baïonnette, et ils chantaient : « La calotte et la soutane du curé. »

Mais avant de descendre il fallait se rafraîchir. Les marchands de vin furent envahis, et on put entendre les propos des cannibales après leurs sanglantes orgies. Un enfant de 14 à 15 ans, probablement le même qui disait avant l'exécution : « Je voudrais bien me payer ce vieux-là (M. Tuffier), » se vantait d'avoir tué le premier. Une femme de 27 ans disait : « Ce c... de prêtre a voulu se relever. S'il s'était relevé, je sautais par-dessus le mur et je l'achevais. » Une autre femme : « Si je tenais le premier jusqu'au dernier des prêtres, ils y passeraient. »

Une vieille femme : « Ah ! s'ils n'étaient pas finis, je les achèverais, moi. » Et sa fille, âgée de 21 ans, criait à une personne pieuse logée près du secteur : « Eh bien ! femme aux prêtres, descendez-vous ? »

— Il était environ sept heures du soir quand le massacre fut achevé. Un témoin raconte qu'il entendit un homme qui disait en regardant les corps des victimes :

« — Qu'est-ce que c'est que ça ? Demain, quand il y en aura des milliers, ça sera quelque chose ; mais ça, c'est rien ! »

Les cadavres restèrent ainsi exposés jusqu'au lendemain, samedi. Ce jour-là, ils furent jetés pêle-mêle dans

(1) Relation de l'abbé Raymond.

une fosse creusée sous le lieu même de l'exécution.

Un témoin a assisté à cette scène étrange (1).

— « Il y avait quatre hommes qui faisaient la corvée d'aller chercher les otages qui avaient été assassinés, et ils les apportaient devant un autre homme en pantalon rouge qui avait un couteau à la main et qui les dépouillait. Il les fouillait, et je l'ai vu moi-même regarder dans leurs poches ; il se rendait compte par lui-même si ces hommes n'avaient rien sur la peau. Ce qu'il trouvait sur les corps, il le plaçait dans une petite boîte en bois blanc. Il y en avait encore sept à enterrer, quand un individu a apporté un corps sur le bord du trou et l'a poussé dedans avec le pied. Alors, je me suis retiré. »

Les bêtes féroces durent ensuite se partager la proie !...

Le lundi suivant, 29 mai, vers le soir, les parents et les amis des victimes se trouvaient réunis auprès de l'horrible fosse de la rue Haxo. L'abbé Raymond, vicaire de Belleville, avec un grand courage, présidait à la douloureuse exhumation. Il y avait là, en différents groupes, plusieurs pères de la compagnie de Jésus, quelques femmes ou mères des gardes républicains massacrés, des enfants du patronage, de pauvres femmes de Charonne et quelques frères de Saint-Vincent de Paul, à la recherche du corps de l'abbé Planchat.

Lorsqu'il fut tiré du sinistre caveau, avant que ses frères en religion aient pu le reconnaître, les pauvres femmes et les enfants s'étaient écriés en pleurant :

— C'est M. Planchat !

Nous hésitions encore, et les sanglots de ces pauvres gens éclataient autour de nous !

Un des fossoyeurs dit alors à un jeune homme, dont on ne pouvait calmer le désespoir :

(1) Déposition de M. Léon.

— Ne pleurez pas votre professeur ! voyez, il est mort les yeux levés vers le ciel !

Le fait était vrai et saisissant.

La dernière pensée, le dernier soupir, comme la vie tout entière du saint martyr, était dans ce regard.

XII

ÉPILOGUE

Humble maison de Sainte-Anne, ton nom jusqu'alors inconnu brillera désormais d'un éternel éclat dans les annales de l'Église de Paris !

Les révolutions ont détruit nos vénérés pèlerinages d'autrefois. Ta pauvre chapelle devient pour la cité un sanctuaire nouveau de bénédictions et de grâces.

Serviteurs des pauvres, frères et membres de Saint-Vincent de Paul, vénérables pasteurs, jeune clergé de Paris, vous y viendrez souvent vous inspirer des exemples de cet apôtre du peuple et des petits !

Pauvres, Enfants et Ouvriers, qui avez connu l'abbé Planchat, admiré son dévoûment, compris son cœur, saluez avec respect cette maison bénie, où le pauvre prêtre a fait tant de bien, et où il n'est plus là pour vous accueillir et vous consoler.

Entrez dans ce sanctuaire ; venez au pied de cet autel, qu'il couvre encore de sa tendresse, mais où vous ne le verrez plus monter, et offrir, pour vos peines et vos misères, l'adorable victime.

Au ciel il prie pour vous ; mais, n'en doutez pas, cette âme de feu, ce cœur si plein de miséricorde, intercède aussi pour la conversion des pauvres ouvriers qui ne connaissent pas le prêtre et le haïssent...

Il prie surtout pour ses bourreaux qu'en mourant, sans doute, il a bénis et pardonnés !

XIII

APPENDICE

Extrait du procès-verbal de l'invention et de l'inhuma-
tion du corps de M. Henri PLANCHAT, *fusillé en haine*
de la foi par les insurgés, le 26 mai 1871, et inhumé
à la chapelle Notre-Dame de la Salette, maison mère
des frères de Saint-Vincent de Paul, à Vaugirard.

« Le lundi de la Pentecôte, 29 mai 1871, M. Lantiez
et M. Maurice Maignen, de la congrégation des frères
de Saint-Vincent de Paul, ayant été avertis la veille que
leur bien-aimé frère Henri Planchat avait été fusillé par
les insurgés, se mirent en mesure de retrouver ses restes
précieux pour leur rendre les honneurs qu'ils méri-
taient à tant d'égards. Après avoir obtenu de l'état-
major de M. le maréchal Mac-Mahon, séant au ministère des affaires étrangères, les laisser-passer nécessaires
pour parcourir Paris, à peine délivré de l'insurrection
et occupé par les troupes de l'armée régulière, nous
nous rendîmes au couvent de Picpus, à l'état-major du
général Vinoy, où nous devions trouver les renseignements et les autorisations nécessaires pour faire nos
recherches. A la prison de la Roquette, on ne put nous
donner aucun renseignement précis. On nous montra
le cadavre d'un homme qu'on disait être un prêtre;
mais nous reconnûmes que ce n'était pas l'abbé Planchat. Nous nous rendîmes au patronage Sainte-Anne, à
Charonne, pour nous faire aider dans nos démarches

par le directeur de cette maison. En sa compagnie, nous essayâmes, mais en vain, d'obtenir quelques renseignements auprès des gens du quartier qui prétendaient avoir vu fusiller l'abbé Planchat à la Roquette. Nous revînmes à cette prison et fîmes de nouvelles recherches qui furent inutiles. Enfin, on nous renvoya à la mairie de Belleville, où l'on avait, dit-on, des renseignements sur un groupe de victimes fusillées dans ce quartier. Nous y arrivâmes vers les quatre ou cinq heures du soir. Un employé nous dit qu'effectivement, rue Haxo, n° 85, il y avait eu une exécution, et qu'il fallait se hâter pour assister à l'exhumation qui se faisait en ce moment. Remontant en voiture, nous arrivâmes vers cinq heures et demie à l'endroit désigné. Déjà M. l'abbé Raymond, vicaire de Belleville, avait commencé l'exhumation de plusieurs corps. Les PP. Bazin et Escaille, jésuites, se trouvaient là et cherchaient les corps des PP. Olivaint, Caubert et de Bengy. Ils donnèrent sur les événements des renseignements d'après lesquels il était probable que l'abbé Planchat avait été immolé en ce lieu et que son corps devait être dans la fosse où les victimes avaient été jetées. Nous nous assurâmes, aussitôt notre arrivée, que le corps de l'abbé Planchat n'était pas parmi ceux qui étaient déjà exhumés. Nous attendîmes, et assistâmes à cette lente et douloureuse opération. Quelques agents des pompes funèbres, aidés des volontaires de la Seine, s'y employèrent pendant près de quatre heures. Nous remarquâmes le courage d'un digne officier de ce corps (M. Valin), qui descendit dans ce foyer de corruption à chaque corps qu'il fallait en retirer. Il attachait des cordes destinées à les remonter hors du caveau. Il poursuivit sa tâche avec une constance vraiment remarquable. On dit qu'au feu il avait la même fermeté. A chaque victime exhumée, nous allions examiner si ce n'était pas notre pauvre ami.

Nous reconnûmes ainsi le P. Olivaint, le P. de Bengy; avant notre arrivée, le P. Caubert avait été reconnu. Enfin, vers les sept heures, il y avait déjà près de 50 cadavres exhumés, quand on en retira un, encore revêtu d'une soutane, c'était M. Planchat. Il était très-défiguré, et ce ne fut que par l'ensemble de sa personne que nous parvînmes à le reconnaître; puis nous en acquîmes les preuves certaines par les marques du linge et le détail des vêtements. Sa tête avait été broyée à la partie postérieure; ses yeux étaient ouverts. Tous ceux qui le voyaient couché à terre disaient : « Il est mort en regardant le ciel. » Un des nombreux jeunes gens qu'il avait secourus était venu spontanément, avec sa mère, à sa recherche. Ils le reconnurent aussi fort bien. La douleur, les larmes et les exclamations de ce bon jeune homme étaient des plus touchantes. Nous crûmes un instant qu'il allait tomber évanoui sur le corps de son bienfaiteur. Il se calma cependant, et fut vivement consolé quand on lui laissa prendre la ceinture teinte de sang de l'abbé Planchat. Nous recueillîmes ses restes précieux dans un cercueil; puis, avec le consentement des PP. jésuites, nous le plaçâmes dans une voiture qui avait été amenée pour le transport des corps de leurs Pères ét de l'abbé Seignoret. Au moment de partir, le commissaire de police arriva et demanda les noms de ceux dont on enlevait les corps, ainsi que ceux des témoins qui avaient été présents à l'exhumation et avaient constaté l'identité. Ces formalités accomplies, nous partimes dans une voiture qui suivait celle où étaient les corps des cinq martyrs et qui allait au pas. Nous descendîmes ainsi tout Belleville et traversâmes Paris. Sur le chemin, beaucoup de personnes, reconnaissant le triste cortége, se découvraient. Nous arrivâmes rue de Sèvres à neuf heures du soir. Les Pères jésuites reçurent les corps des leurs; puis nous allâmes à Saint-Sulpice, déposer celui de l'abbé Seigneret, et nous arrivâmes, enfin, à Vaugirard, à neuf heures trois quarts, avec notre chère relique. Les jours suivants furent employés aux formalités nécessaires pour l'inhumation. Elle eut lieu le mercredi 31 mai à la paroisse de Vaugirard. M. le curé et MM. les vicaires furent pleins de bienveillance et nous donnèrent tout leur concours. La grand'messe fut dite à midi. Les officiants étaient tous frères de Saint-Vincent de Paul. La levée du corps fut faite par M. le curé et l'absoute par M. l'abbé Petit, secrétaire général de l'archevêché. M. le curé, la veille, au mois de Marie, avait invité à la cérémonie ses paroissiens et leur avait fait le panégyrique de la vie apostolique de l'abbé Planchat, quand il était à Vaugirard et à Grenelle. Aussi l'église était-elle pleine. Malgré les invitations précipitées, le nombre des ecclésiastiques présents était relativement considérable. Réunis à la sacristie en attendant le départ pour le cimetière, ces messieurs demandèrent unanimement que les restes de l'abbé Planchat ne fussent pas déposés au cimetière, mais à part, dans notre maison de Vaugirard. M. l'abbé Le Rebours, qui déjà nous avait écrit une lettre dans ce sens, était celui qui insistait avec le plus d'ardeur. Nous ne pouvions exécuter de suite ce projet ; nous n'avions aucune autorisation ; tout était prêt au cimetière et rien n'était organisé à l'orphelinat. Nous nous rendîmes donc au cimetière. Tout le clergé de la paroisse, les frères de Saint-Vincent de Paul, les enfants de l'orphelinat et une foule de fidèles accompagnaient le corps. On le descendit dans une fosse temporaire. Rien ne signala ce modeste enterrement, sinon la piété des assistants. Aussitôt après la cérémonie, M. Hello, frère de Saint-Vincent de Paul, se rendit à l'état major du général de Cissey, commandant la rive gauche, et obtint l'autorisation d'exhumation et d'inhumation définitive dans notre chapelle de Vaugirard... On exhuma le corps... On profita de la circonstance pour prendre quelques morceaux des vêtements... Enfin, on mit le cercueil dans la voiture et on le déposa dans le vestibule de la chapelle Notre-Dame de la Salette... L'ordre étant rétabli, on procéda à l'inhumation définitive. Un caveau fut disposé dans la chapelle. Le vendredi 16 juin 1871, fête du Sacré-Cœur de Jésus, auquel l'abbé Planchat avait une grande dévotion, les frères de Saint-Vincent de Paul présents à Paris étant réunis, le cercueil fut descendu dans le caveau... A partir de ce jour, la congrégation posséda dans sa maison mère le gage le plus précieux des bénédictions de Dieu sur son apostolat... »

Un peu plus tard, l'épitaphe suivante fut gravée sur la tombe du martyr, devenue le but de nombreux pèlerinages, ornée de couronnes et de souvenirs.

HIC JACET

HENRICUS, MARIA, MATHÆUS PLANCHAT

PRESBYTER CONGREGATIONIS FRATRUM S. VINCENTII A PAULO

VIR EXIMIA IN PAUPERES CHARITATE ;

PERFECTÆ HUMILITATIS EXEMPLAR ;

QUI CUM PER ANNOS PLUS QUAM VIGINTI

SE TOTUM EGENORUM SERVITIO MANCIPASSET,

INNUMEROSQUE E VITIORUM TRAMITE

AD MELIOREM FRUGEM ADDUXISSET,

AB IMPIIS VIRIS COMPREHENSUS,

ET IN CARCEREM CONJECTUS,

PAULO POST TRUCIDATUS,

QUADRAGESIMUM OCTAVUM ÆTATIS ANNUM,

PROFESSIONIS VERO DECIMUM SEPTIMUM AGENS

PARISIIS IN CÆDE VIA HAXO PERPETRATA OCCUBUIT

7° KAL. JUNII, ANNO DOMINI MDCCCLXXI.

« POPULE MEUS QUID FECI TIBI.....

« EGO TE PAVI MANNA PER DESERTUM,

« ET TU ME CECIDISTI ALAPIS,..... ET

FLAGELLATUM TRADIDISTI. »

ICI REPOSE

HENRI, MARIE, MATHIEU PLANCHAT

PRÊTRE DE LA CONGRÉGATION DES FRÈRES DE SAINT-VINCENT DE PAUL

HOMME D'UNE ADMIRABLE CHARITÉ ENVERS LES PAUVRES ;
MODÈLE DE PARFAITE HUMILITÉ ;
QUI APRÈS S'ÊTRE LIVRÉ TOUT ENTIER PENDANT PLUS DE
VINGT ANS AU SERVICE DES INDIGENTS,
ET EN AVOIR RAMENÉ UN NOMBRE INCALCULABLE
DE LA VOIE DU VICE DANS CELLE DE LA VERTU,
FUT SAISI, JETÉ EN PRISON,
ET PEU APRÈS MIS A MORT,
PAR DES HOMMES IMPIES,
DANS LA QUARANTE-HUITIÈME ANNÉE DE SON AGE
DE SA PROFESSION LA DIX-SEPTIÈME.
IL SUCCOMBA A PARIS DANS LE MASSACRE DE LA RUE HAXO,
LE 27 MAI DE L'AN DU SEIGNEUR 1871.

« MON PEUPLE, QUE T'AI-JE FAIT ?..,
« MOI, JE T'AI NOURRI DE MANNE DANS LE DÉSERT,
« ET TOI TU M'AS SOUFFLETÉ....., TU M'AS
« FLAGELLÉ ET TU M'AS LIVRÉ !!! »

TABLE DES MATIÈRES

PARIS. — IMPRIMERIE VICTOR GOUPY, RUE GARANCIÈRE, 5.